为生命而阅读

威尔·施瓦尔贝 / 著　　孙鹤 / 译

江苏凤凰文艺出版社
JIANGSU PHOENIX LITERATURE AND ART PUBLISHING, LTD

图书在版编目（CIP）数据

为生命而阅读 / (美) 威尔·施瓦尔贝(Will Schwalbe)著；孙鹤译．-- 南京: 江苏凤凰文艺出版社, 2017.12

书名原文: Books for Living

ISBN 978-7-5594-0946-1

Ⅰ．①为… Ⅱ．①威… ②孙… Ⅲ．①散文集－美国－现代 Ⅳ．①I712.65

中国版本图书馆CIP数据核字（2017）第187404号

著作权合同登记号 10-2017-375

书　　名	为生命而阅读
作　　者	(美) 威尔·施瓦尔贝
译　　者	孙鹤
责任编辑	邹晓燕　黄孝阳
出版发行	江苏凤凰文艺出版社
出版社地址	南京市中央路 165 号，邮编：210009
出版社网址	http://www.jswenyi.com
发　　行	北京时代华语国际传媒股份有限公司　010-83670231
印　　刷	北京中科印刷有限公司
开　　本	880×1230 毫米　1/32
印　　张	9
字　　数	200 千字
版　　次	2017 年 12 月第 1 版　2018 年 3 月第 2 次印刷
标准书号	ISBN　978-7-5594-0946-1
定　　价	42.00 元

献给大卫·程

安迪·布里和汤姆·摩尔纳

读书的人，

在他死之前，

活过一千次人生，

不读书的人，

只活了一次。

——乔治 R.R.《与龙为舞》

CONTENTS

目　录

前 言

读者的噩梦

我时不时会做这样一个噩梦。我称之为读者的噩梦。

在繁忙的机场里，我的航班快要起飞了，但我离登机口还有很长一段路。我知道我只有几分钟时间，几分钟之后通往登机道的大门将关闭，飞机就要飞走。突然间，我意识到我在飞机上将无书可读。没有任何书。我原地打转，眼睛在疯狂地寻找着书店。但一家书店都没有看到。我在机场里跑起来，穿过卖洋酒香水的免税柜台，穿过箱包店和时尚精品店，穿过颈部按摩店。我仍然没有找到机场书店。现在我的航班正在播放最后一次催促登机的广播："飞往珀斯的 97 次航班很快就要起飞了。还没有办理乘机手续的乘客请务必现在办理登机。"他们甚至叫了我的名字。我开始恐慌起来，意识到自己肯定要误机了。但一想到要飞几个小时没书看，简直难以忍受。所以我跑，继续跑，四处寻找着书店——至少是有简装书架的书报摊吧。但我在机场里仍是一本书都找不到。我开始尖叫。

然后我醒了。

我不会做与食物、电视剧、电影或是音乐有关的梦。我的潜意识并不会因为想到要在天上飞速移动的金属管子里待几个小时，没有东西吃、没有节目看或是没有音乐听而感到不安。多个小时没有书籍相伴这种想法会让我在冷汗中惊醒。

回顾我的一生，我一直因各种原因向书寻求帮助：希望它安慰我，逗我笑，能让我分心，带给我知识。但你知道，你可以在书中找到一切并不意味着你可以轻易在刚刚好的时间找到合心意的那本书，遇见一本你恰好在寻找的那本书，或者当你需要了解某种知识或寻找某种感觉时某本书它就会刚好出现。

几年前，我写过一本书，写的是我和母亲在她患胰腺癌去世前一起读过的那些书。那段时间，我们毫无章法非常随意地读书，让一本书引导我们去找下一本书。我们读别人送的书，读放在书架上几十年等待被发现的书，读偶遇的书，还有仅仅因为想读就再读一遍的书。我们会去特别寻找什么东西吗？通常不。有时，我们只是想谈点什么和她病情无关的东西时，这些书给了我们交谈的话题，也让我们能够谈起某些太过痛苦无法直言的话题。这些书还能引导推进我们的谈话，让我能够在母亲还在这里教导我时尽可能多地向她学习。

然而在人生某些时刻，当我有一些非常具体的需求时，我会寻找一本书来解决它。找到正确的那本书并不那么容易。当然，当那个迫切的需求是学习如何做菠萝蛋糕时，我会找《蛋糕圣经》（*The Cake Bible*）；或是当我需要在芝加哥找餐厅时，我会选《查格指南》[①]（*Zagat*）；又或者是当我需要自己诊断发炎的皮疹时，我会向《梅奥诊所家庭健康指南》（*Mayo Clinic Family Health Book*）求助。但现在越来越多的情况是，当我需要这类信息时我的首选不是书——而是网络，或是社交媒体，我可以向这种几乎无处不在的“蜂巢思维[②]（hive mind）”发问，比如说，联合广场[③]（Union Square）附近有没有好吃的马来西亚菜。

然而，有些问题显然是网络和蜂巢思维无法给出满意答案的。一些大问题，作家们几千年来一直致力于解决的问题：有关痛苦、意义、目的和幸福的问题，有关如何生活的问题。没错，网络试图帮助我们——正如我们可以说任何无生命的东西都在试图帮助我们一样。有一些数字频道喜欢播放鼓舞人心的会议演讲，人们在这些会议上把自己的见解打包成简短的振奋人心的讲话——大部分会搭配一个吸引人眼球的标题和一些难忘的故事。但其中最好的部分通常只有一些简单摘要——或是广告——为演讲者写的书或是为正在写的书做宣传。作者们总是在做演讲：这没什么好稀奇的。而读者在听过这些演说后，会记住他们推荐

---

① Zagat，美国的一种餐厅评价指南。

② Hive mind，即群体思维。

③ Union Square，美国旧金山的一个广场，也是旧金山的交通中心。

的书，然后可以更深入完整地探索相关话题——以自己的步调研究这些观点，或是快速浏览，或是慢慢品味，或是仔细思索。

但和大部分励志演讲不一样，因为即使是最好的演讲大多数情况也都只涉及自身，但大部分好书却不是孤立解决这些人生大问题的。伟大的作家会在时光的长河里互相对话。写书的人大多都是读书的，而大多数书里都留着丝丝缕缕成千上万本作家下笔前读过的书的痕迹。

这也是为什么书可以在数百年内不断留下回响直至未来的原因。即使是一本只有十几个人读过的书也可能留下非凡影响，只要它其中一个读者写下的书有成千上万的读者即可。英国作家亨利·格林[①]（Henry Green）（真名：亨利·文森特·约克）（Henry Vincent Yorke）的小说平均都卖不到几千本，他大部分的书甚至还远远卖不到这个数。但深受格林影响的作家有塞巴斯蒂安·福克斯[②]（Sebastian Faulks）[他的《鸟鸣》（*Birdsong*）是英国最受欢迎的畅销小说之一]，尤多拉·韦尔蒂[③]（Eudora Welty）和安东尼·伯吉斯[④]（Anthony Burgess）[其代表作《发条橙》（*A Clockwork Orange*），至今仍和1962年首次出版时

---

① Henry Green（1905-1973），英国作家。

② Sebastian Faulks（1953-），英国小说家、记者和播音员。

③ Eudora Welty（1909-2001），美国著名女作家，以描写美国南方生活见长。

④ Anthony Burgess（1917-1993），英国当代著名作家、作曲家。

一样震撼人心］。约翰·厄普代克[①]（John Updike）写到过，格林的小说“对我写作风格上的影响是至今任何作家都比不上的”。

亨利·格林享年68岁，于1973年去世，一直鲜为人知。但受他影响的书一直有人在阅读，这些书又继续激励着新的作品的出现。

有时有些书的影响是显而易见的，直接在书名中得到体现，比如《傲慢与偏见与僵尸》[②]（*Pride and Prejudice and Zombies*）。有时这种血统关系要微妙许多，需要读者仔细梳理甚至猜测其中的关系。［J.K.罗琳[③]（J.K.Rowling）的《哈利·波特》系列（*Harry Potter series*）有多少是受托马斯·休斯[④]（Thomas Hughes）1857年描写寄宿学校的经典小说《汤姆·布朗的求学生涯》（*Tom Brown's School Days*）的影响呢？］有时作者暗示的影响并不是真正的影响，而只是作者希望写成的某类书的风格而已。

不管什么时候读书，我都时刻提醒自己注意这些回响、联系

---

① John Updike（1932-2009），美国小说家、诗人、短篇小说家、艺术评论家和文学评论家。

② Pride and Prejudice and Zombies，夸克恶搞经典系列，还有《理智与情感与海妖》等。

③ J.K.Rowling（1965-），英国著名女作家。

④ Thomas Hughes（1822-1896），英国作家、法理学家和改革家。

和希望。这本书是怎么完成的呢？这本书和哪些书有相似之处呢？它让人想起了哪些书呢？

然后，作为一个读者，我一边读书一边感受到这些影响。刚开始读书的我和读完书的我不再是同一个读者。因为人的大脑里布满各种路径，而读书为你开辟出新的道路。每本书都会改变你的生活。所以我喜欢问：这本书是怎么改变我的生活的？

苏格拉底[①]（Socrates）在即将宣判他死刑的审判上说未经审视的生活是不值得过的［被柏拉图[②]（Plato）引用］。读书是我知道的最好的学习如何审视自己生活方式的方法。比比看自己做过的事和别人做过的事，自己的想法、理论、感受和别人的想法、理论和感受，你会愈发了解自己和周围的世界。也许这就是为什么阅读是少数几个独自完成却让人感觉不那么孤单的事；阅读是一个连接他人的个体行为。

54 岁的我和为《神曲》（*The Divine Comedy*）做最后润色的但丁[③]（Dante）年纪差不多，和托马斯·曼[④]（Thomas Mann）的小说《死于威尼斯》（*Death in Venice*）中的主人

---

① Socrates（前 469- 前 399），古希腊伟大的思想家、哲学家和教育家。

② Plato（前 427- 前 347），古希腊伟大的思想家、哲学家和教育家，师从苏格拉底。

③ Dante（1265-1321），意大利诗人，文艺复兴的先驱之一。

④ Thomas Mann（1875-1955），德国小说家和散文家，长篇小说《布登勃洛克一家》获 1929 年诺贝尔文学奖。

公冯·奥森巴哈（von Aschenbach）一个年纪。（我最近才意识到这部中篇小说的主人公，一个迷恋美少年和他逝去的青春的男人，其实正值中年；因为没有仔细阅读开头部分，我一直以为这个让酒店理发师把他头发染得乌黑发亮，把脸涂得花里胡哨的“老”人至少有七十岁了。）五十多岁正是思考这些大问题的好时候。除非我是少数能活过一百岁的人，不然剩下的时光肯定没有我活过的时间多了。现在我的兄弟姐妹和我都已经年过五十，我的兄弟喜欢拿高尔夫球打比方，说我们现在的生活就像是在打后九洞[①]——前九洞已经打完了。不管前面累积了多少分，我们只能继续打下去。突然之间，光荣完成比赛和避开沙坑障碍和水障碍远比看见我们的名字出现在积分榜上重要得多。

但从另一个角度看，我觉得任何年纪都是思考这些大问题的好时候。我曾在高中和大学期间问过一些非常重要的好问题——恰好合适，因为解答问题正是学校的作用。我曾在生活的困难时期问过其他一些大问题——没有什么年纪是可以免遭不幸或是感觉不那么敏锐的。而我希望也期待可以一直问到最后。

我知道在帮助我找到正确的问题和解答这些问题的寻书之旅上我并不孤单。因为我在出版业工作，写过一本关于阅读的书，我遇见过许多读者。各个年龄层的读者都告诉过我他们希望能有

① 后九洞，高尔夫运动术语，指18洞球场的最后9个洞。

一个书单来引导他们。我听过有人想读经典名著，有人只想要基础入门书，有人想读来自全世界各地的书。但大部分人其实并不在乎是什么类型、什么时候或是谁写的书——他们只想读那些能帮助他们找到自己的路，同时能带给他们愉悦的书。

在一次从纽约飞往拉斯维加斯的漫长而又颠簸不已的航班上，我坐在一个十九岁西点军校[①]（West Point）新生的旁边。我们开始闲聊，很快他谈起他最喜欢的一些书；保罗·科埃略[②]（Paulo Coelho）的《牧羊少年奇幻之旅》（*The Alchemist*）是其中之一。我告诉他我也很喜欢这个牧羊少年跋涉到埃及寻找宝藏的寓言故事。我们的对话很快从客套话转移到人生的意义上。（也许是《牧羊少年奇幻之旅》的效果，也许是因为飞机颠簸得太严重了。）飞机在空中颠来颠去，我开始兴奋地聊起其他启发过我的书。这个军校学员说他愿意用一顶货真价实的西点军校棒球帽来交换我最喜欢的书的书单。我很喜欢那顶帽子；希望他也喜欢那些书。

然后我要说说我九十六岁的朋友埃尔丝，她总是极度渴求好书推荐。最近，我向她推荐了露丝·尾关[③]（Ruth Ozeki）的《不存在的女孩》（*A Tale for the Time Being*）。2013 年出版的这

① West Point，西点军校，美国第一所军事学校，位于纽约州西点。
② Paulo Coelho（1947-），巴西著名作家。
③ Ruth Ozeki（1956-），美国作家、电影制片人。

本小说写的是一个作家在太平洋西北岸捡到一些被海水冲刷上岸的东西，其中有一个是十六岁东京少女的日记，她在学校里被各种欺负，不想再活下去了。小说在作家的故事、少女的日记以及和日记附在一起的信件中切换。书中最让人难以忘怀的角色是少女一百零四岁的曾祖母，一个有着迷人过去、充满魅力的禅宗女僧，当少女难以独自承受生活的重压时，她为少女提供了物质和情感上的庇护。

埃尔丝也同样充满巨大的魅力，但她的魅力要更有活力一些。(这么说吧，她经常飙脏话。)她也同样有着不可思议的过去：少年时期从纳粹德国逃离，后来成为电影音乐编辑。埃尔丝愉快地读完《不存在的女孩》，有许多话想说。但她最想谈的是这个一百零四岁的女僧。埃尔丝一字一句斩钉截铁地宣布女僧是她读过的所有虚构和非虚构作品中遇到的最令人惊叹的人物——可以这么说，她在现实中也无人能及。“现在我知道我长大想成为谁了”，她高兴地向我宣布，边笑边拍手。

对我来说，我在寻找——一直在寻找，我现在才意识到，我一辈子都在寻找——能够帮助我理解这个世界的书，帮助我成为更好的自己的书，帮助我思考那些生命中无比重要的问题的书，以及解答一些我正巧遇到的小问题的书。

我知道那个西点军校学员、埃尔丝和成千上万的人都在寻找，一场我还未出生就已经开始一直到我去世后也不会结束的寻书之旅。

我并不是一个特别训练有素或很有条理的寻书人。对挑书我没有太多想法——我会读任何吸引了我眼球的书。大多数时候我挑选的要读的书和自我提升一点关系都没有。特别是当我已经是最开心的时候，我不可能再去寻找一本会让我更开心的书。但通常都是那些没有刻意寻找的时刻，我会偶遇一本改变我人生的书。

我相信我们需要知道的所有东西都在书里。人们总是向某类书籍寻求指导人生的智慧，这类“自助”书籍的鼻祖始于塞缪尔·斯迈尔斯[①]（Samuel Smiles）1859 年出版的《自己拯救自己》（*Self-Help*）一书（该书有具体性格和行为的阐述）。但我发现任何书都可能包含这种人生智慧；一部惊悚小说里的某个句子可能带给我某种出乎意料的领悟。[如果不是读过《地狱蓝调》[②]（*Killing Floor*），一部 1997 年出版讲述前宪兵杰克·李奇（Jack Reacher）变成浪子神探的大师之作，我可能永远不会学到这条至今仍指引着我工作和生活的宝贵智慧：“等待也是一门技术”。]

我也相信没有什么书会糟糕到让人找不到一点有趣的地方。事实上这是转述罗马帝国律师小普林尼[③]（Pliny the Younger）

---

① Samuel Smiles（1812-1904），英国道德学家、社会改革家和散文随笔作家。

② *Killing Floor*，英国作家李查德（Lee Child）的首部小说，浪子神探杰克·李奇系列的第一部。

③ Pliny the Younger（61或62-约113），罗马帝国元老、作家和律师。

的话，这一观点后来又被米格尔·德·塞万提斯[①]（Miguel de Cervautes）写入《堂吉诃德》中。不可否认的是小普林尼和塞万提斯都没读过二十世纪八十年代流行起来的低俗艳情小说，但我仍然相信这句话大部分情况还是成立的。不管多么糟糕的书，你都能学到一些东西——即使它们描述的是人类有多么愚蠢低劣、多么无趣琐碎，或是多么残忍狭隘。也许一整本都是词汇泥沼的书中只有一个闪烁发光的顿悟。

我们有摘抄诗歌和歌词优美部分然后使用的光荣传统。数百年来，人们一直有做“摘录本”的习惯：在日记本里手抄名言名段。但不是所有人都喜欢这么一点点摘樱桃似的，摘抄任意一本书里的奇怪段落，然后用这些摘抄来指导生活。有些人认为小说和剧本里的语句是依赖具体语境存在的——东挑西选一些奇怪句子出来是很不恰当和自私的，特别是当某句话是出自某个角色之口，那就很可能和作者本身的想法毫无干系。我不这么认为。这种想法完全忽视了人类大脑收集、折射、整理、合并信息的能力。我们对意义的探寻并不仅限于那些被创造出来然后被塞入诗歌或是可轻易摘取的大段文字中那些有意义的思想。我们可以在任何事物中寻找到意义——一切都是公平的。实际上我们的大脑才是最终的摘录本，你读过的任何东西都会被储存在大脑某处，

---

① Miguel de Cervantes（1547-1616），文艺复兴时期西班牙小说家、剧作家、诗人。

时刻准备着在你需要的时候出现在你的意识中。

所以我一辈子都在从大脑中收集书籍和句子：我特意去找的书和偶然遇见的书，我强迫自己死记硬背下来的句子和自然而然记住的句子。

在家，我是个图书管理员，永远在管理我的收藏。离开公寓，我是个书商——向遇到的每一个人推销我喜欢的书。

有一个名字可以用来形容我这样的人：读者。

你正在读的这本书可以算是某种宣言——我的宣言，为读者发声的宣言。因为我觉得我们现在比以往任何时刻都更需要读书，需要成为一名读者。

我们把日程排得太满，然后不停地抱怨自己太忙；我们不停地买着不需要的东西，然后感觉自己被周遭的杂乱压迫着；我们总是睡不好或是睡不够；我们拿自己和杂志上看到的人造身体做比较，和电视上夸大的生活做比较；我们看着烹饪节目却吃着快餐；我们担心生病而办了健身卡却从来不去；我们有成百上千的联系人却很少与最好的朋友见面；我们用视频、邮件和短信狂轰滥炸着自己；我们甚至打断我们自己打断的东西。

当我们需要做决定买什么或怎么度过闲暇时光时，我们总期待多一个选择。为了从那么多人为制造的选择中做出决定，我们把整个世界变成一本无穷无尽的供人“挑挑拣拣”的目录，只要是不让人觉得大开眼界的东西都被视作是无用之物。我们不再明褒实贬——我们明贬任何不能给我们带来狂喜的东西。爱恨成为默认值——要么五星要么一星。

对大多数人来说，这本质上是一个关于恐惧的问题——害怕自己会错过什么。不管我们身处何处，总会有某个人在某个地方做着看着吃着听着更好的东西。

我渴望逃离这种生活方式。我想如果有足够多的我们成功逃离，这个世界也许会因此变得更好一些。联通性是互联网时代最大的便利之一，它让不可思议的事情变成可能。敲几下键盘我能得到整个世界的讯息；我可以在网上买卖、交易和分享东西；当我在陌生的地方开车时，一个知识渊博的声音会给我指路，当我走错路时会“重新计算我的路线”。简直难以数清我们的生活被互联网改变的地方。

但联通是一回事，持续的联通则是另一回事。当我想要“断网”几天，有时只是几个小时的时候，我会提前警告其他人；其含义是除非你另外收到消息，不然你可以假设我这段时间都不上线。持续的联通可以变成一个诅咒，鼓励着我们天性中不那么善良的一面。古典时代的九位缪斯女神[①]（Muses）可没有叫焦躁或分心的。

在这个有着无穷无尽联通性的世界里，书正是独一无二最适

---

① Muses，希腊神话中主司艺术与科学的九位古老文艺女神的总称。

合帮助我们改变，我们与节奏的关系和我们日常习惯的东西。因为我们不能打断书，所以我们只能在读书时打断自己。书是个体或一群个体的表达，不是蜂巢思维或集体意识的表现。书与我们对话，是体贴地一对一的对话。书要求我们关注它，要求我们暂时搁置自己的信仰和偏见，听听别人的信仰和偏见。你可以大声抱怨一本书，在页边空白处胡写乱画，甚至随手丢到窗外。但你仍然无法改变书中的一字一句。

书的技术是真正天才的技术：虽然不管是在书页还是在屏幕上，书中词语的顺序都是固定的，但阅读的速度却是完全取决于你自己的。当然，这让你可以加快速度跳着读，也让你可以慢来下，品味沉思。

我们经常互相问候："你去哪里度假了？""你睡得怎么样？"或是，我最喜欢问这个，当我眼巴巴看着朋友甜点盘上最后一口巧克力蛋糕时，我会问"这个你还吃吗？"［1982 年的电影《餐馆》（*Diner*）中的一句经典台词。］但有一个问题我觉得大家应该互相多问一些，那就是"你在读什么书？"

这是一个简单却很有力的问题，它可以改变生活，为被文化、年龄、时间和空间分割的人们创造一个共享的宇宙。

我记得有位女士曾经跟我说她很高兴当奶奶了，但有些难过和孙子不怎么联系。她住在佛罗里达州。孙子和他父母住在其他地方。她会给他打电话，问问他学校怎么样，今天过得好吗。他的回答总是一句话：挺好的，没什么，没事。

但有一天她问他在读什么书。他说他刚开始看《饥饿游戏》（*The Hunger Games*），苏珊·柯林斯[1]（Suzanne Collins）写的一部反乌托邦的青春系列小说。我遇见的这位祖母决定看看第一册，这样下次打电话的时候她就可以和孙子聊一聊这本书。她并不知道会看到什么，但随后发现自己在开头看到凯特尼斯·伊夫狄恩自愿代替她妹妹和其他被选中的少男少女一起参加一年一度的生死之战时就被迷住了。

这本书帮助这位祖母打破粗浅的电话聊天，和她孙子一起讨论人类需要面对的关于生存与毁灭、忠诚与背叛以及善与恶这些最重要的问题，当然还有政治。它也帮助她的孙子能够和她一起讨论同样的话题——不是作为一个需要教育的孩子，而是作为同样的追寻者。它给了他讨论他一直沉思的问题的共同语言，不用去解释到底为什么这些话题让他感兴趣。

当他们讨论《饥饿游戏》时，他们不只是祖母与孙子：他们是两个走在同样旅程上的读者。现在当她打电话过去的时候，她的孙子总是迫不及待地要和她讨论——跟她说他读到哪儿了，问问她读到哪儿了，然后一起推测接下去会发生什么事。

---

① Suzanne Collins（1962-），美国畅销作家。

《饥饿游戏》激发了他们从未有过的深入探讨，为他们的对话提供了丰富的提示。这本书甚至引导着他们讨论经济不平等、战争、隐私和媒体等话题。随着他们继续一起读书和讨论其他书，他们发现他们的共同语言在不断扩大：他们的“词汇”由所有他们一起读过的书中的人物、情节和描写组成，他们可以自由运用这些“词汇”来表达他们的想法和感情。

此前除了家庭问题，他们完全没有共同之处。现在他们有了。这个渠道就是读书。

当我们问别人“你在读什么书？”时，有时我们会发现我们的相似之处，有时我们会发现我们不同的地方，有时我们会发现隐藏的共同爱好；有时我们会打开探索新世界新想法的大门。当怀着真诚的好奇心时，“你在读什么书？”并不是一个简单的问题；这其实是在问“你现在是谁？你正在变成谁？”

接下来是关于我发现的或多或少帮助我解决生活在这个充满诱惑喧嚣的现代社会中一些具体问题的书的故事。有些书毋庸置疑是当代最伟大的作品之一，有些则肯定不是。我写的许多书大部分都是我年轻时读过的。我不只是一个五十多岁的读者；我还是一个经历过所有年岁的读者，我读过的所有书、我的所有经历都不断在我大脑里移动重组。通常我会清晰记得第一次读某本对我来说很重要的书时我的状况，我还记得当时发生的或大或小的各种事情；有时我只记得这本书给我的感觉，不管什么时候想起那本书时，我总能记起那种感觉。

正如弗洛伊德派的心理医生可能会通过你的童年来解读你的欲望和动机，我觉得我们需要看看我们在孩童时读过的书来帮助我们理解为什么我们会这么读书。但不仅仅是孩童时期读的书在我生活中占据了很大一部分位置，有时我读的最后一本书就是我读过所有书中最重要的那本——直到下一本非常重要的书出现为止。一开始觉得新鲜的东西总是可以看到更多深意；然而，随着时间的流逝，因为不断的共鸣这些新意会在我大脑中打折。

其中一些作品我并不会列入我最喜欢的书中，但它们都是在我最需要时找到的（或许是它们找到我的），或是促使我记住什么、意识到什么，或是让我用全新的方式看世界。每个读者都可以这样列出一张表来，而这张表可能每年甚至每周都不一样。整理然后不断修订这种书单是我非常推荐的一种锻炼方式：这是构筑你自己的实践哲学的方法。

有些人会有一本一读再读的书，一本包含所有答案的书。但最通常的情况是，这会是一本关于某种信仰的中心的书：也许是《圣经》（*Bible*）、《薄伽梵歌》[①]（*The Bhagavad Gita*）、《古兰经》（*The Koran*）或其他。我对能找到一本可以解答我

---

① *the Bhagavad Gita*，印度教圣经之一，梵文宗教诗。

所有问题的书持怀疑态度。相反，我更愿意寻找各种各样的书来帮助我解答众多问题。我怀疑永远不可能找到一本像忍者刀（这种刀具在我年轻时因为一则广告而出名：可以切片切丁，可以切罐头和木头，刀锋永不钝）一样多功能的书。不管是烹饪还是阅读，我都享受可以使用各种各样特殊工具和器具的乐趣——不管我是有意还是无意使用的。（挖球器除了挖瓜还有很多其他用途：做黄油卷；分饼干面团；分离洋蓟肉等。）

有时当我开始读书时，我会有这么一种特殊期待。也许，只是也许——尽管有悖于我到现在为止的所有阅读经验——我能遇到一本能给我需要的所有答案的书。它也许会出现。我的忍者刀。我的圣杯[①]（Holy Grail）。

那也许会是我在跑去登机门路上，在机场书店里随手抓起的那本书，那本我在几秒间做出决定，甚至不确定自己是否会感兴趣的书。

我确实相信我的书的圣杯还在某个地方等我——我会一直读下去，直到找到它。当然，即使找到它我也会一直读下去，因为——好吧，因为我爱读书。我也相信书的圣杯不会是世上最伟大的书——我很确定没有这种东西。我想那会是一本在我最需要它的瞬间与我对话，最贴合我心，在我的余生也将继续与我对话

① Holy Grail，宗教传说中的圣物，具有某种神奇的能力。

的书。

目前还没有一本书可以为我做到这一点，但有一本书离达到这一点已经很近了：学者林语堂[①]的《生活的艺术》（*The Importance of Living*），一本关于中国文化以及“有所不为的艺术”的书。

这是我最常翻阅的一本书，因此我以此书开头，并会不断提到它。

① 林语堂（1895-1976），中国现代著名作家、学者、翻译家和语言学家。

《生活的艺术》

放慢脚步

冥冥之中，这个世界总是时不时地提醒你，有些书值得读一读，这本书的名字和作者总是出现在你面前，直到最后你不知不觉地注意到它。故意对这些提示置之不理于己无益。于是，在零零星星接触到林语堂这个名字多年之后，对他几乎还是一无所知的我决定开始一探究竟。

从十几岁起我就痴迷于二十世纪三十年代的那些作家。最初是因为我喜欢 1972 年拍摄的电影《歌厅》（*Cabaret*）和里面年少帅气的男主角迈克尔·约克（Michael York）。《歌厅》改编自克里斯托弗·艾什伍德（Christopher Isherwood）的两部短篇小说，描述了前纳粹时期的柏林生活。我读了所有能找到的克里斯托弗·艾什伍德的作品，还读了有关柏林、有关那个时代和作家的很多书籍。读得越多，看到林语堂这个名字也就越多，同时我也就记住了他的第二部作品——《生活的艺术》。

等到了二十多岁的时候，我终于去图书馆查阅了更多关于林语堂的信息，当然那个时代还没有互联网可用。

我了解到《生活的艺术》是 1937 年由约翰德伊（John Day）出版公司出版的。林语堂在上海结识了作家朋友珀尔·巴克（Pearl Buck）（别名：赛珍珠），她帮助林语堂出版了这本书。珀尔本人当时已经是世界闻名的畅销书作家。她的小说《大地》（*The Good Earth*）——以中国的一个小村庄为背景——为她赢得了 1932 年的普利策文学奖，继而又在 1938 年获得了诺贝尔文学奖。珀尔·巴克后来嫁给了约翰德伊出版公司的创始人，她把林语堂介绍给了自己的丈夫，后者立刻与林语堂签约。

我去查阅资料的时候，《生活的艺术》已经停版很长时间了。幸运的是，当地图书馆还存有一本很破旧的可供借阅。我花了很长时间才适应书中那些闲话和时不时的题外话。刚开始读的时候，感觉有吸引力但又有些过时、造作和啰唆，很多内容为反对而反对，结构松散、行文怪异。但很快我意识到了这些闲话背后所隐藏的深厚内涵和对野心抱负彻底的摒弃，而这恰恰是我们文化中所宣扬的。

《生活的艺术》为简单生活和吃喝正名，不鼓励为更多的物欲而奋斗。林语堂想找到一剂解药，来解救三十年代他周围那些野蛮的竞争和疯狂的举动，不仅仅是在他出生长大的中国，还包括他工作生活过的法国、德国，以及他年轻时短期求学和撰写该书时所生活过的美国。林语堂渴望告诉人们如何享受生活，在书中，除了一般常识，他还运用中国古老文化来说明享受生活的重要性。

《生活的艺术》在三十年代很快获得了巨大的成功。这本书后来被翻译成多种语言，全世界几乎人手一本，他也成为那个时代炙手可热的畅销书作家之一。

林语堂是这样描述他的书的："这就是我的个人写照，是我亲身生活和思想的写照。"他宣称书中的观点并非他原创，而是被东西方无数学者无数次地思考和阐述过。至于他所用的方法，他写道："我总是习惯去淘一些陈旧且不起眼的廉价书，并且试图从中发现些什么。如果文学教授们知道了我的思想来源，他们一定会被这么一个俗物惊到。但是从灰土堆里寻找一颗小珍珠的乐趣要远远大于欣赏珠宝橱窗里的大珍珠。"这是一份宣言，也算是最平实的真理。

从专业技术上讲，我所应用的方法、所受的训练都是错误的，我并不读哲学而只直接拿人生当课本，这种研究方法是不合惯例的。我的理论根据，大都是从下面所说这些人物方面而来：老妈子黄妈，她具有中国女性的一切良好思想；一个随口骂人的苏州船娘；一个上海的电车售票员；厨子的妻子；动物园中的一只小狮子；纽约中央公园里的一只松鼠；一个发过一句妙论的轮船上的管事；一个在某报天文版内写文章的记者（已亡故十多年了）及其箱子里所收藏的新闻纸；以及任何一个不毁灭我们人生好奇意识的作家，或任何一个不毁灭他自己人生好奇意识的作家……诸如此类，不胜枚举。

林语堂声称要陈述“中国观点”，也就是他所描述的“一种闲适哲学，是在异于现今时代里的闲适生活中所产生的”。这是上千年来中国学者、诗人和艺术家汇聚而成的智慧。尽管他没有强调这一观点在中国之外的地方同样适用，却写过他确信“在美国喧嚣忙乱的生活中，人们心底里也同样渴求在茂密的树荫下找一块柔软的草丛，躺下来享受一个慵懒的下午，什么也不做”。用林语堂自己的话总结他的哲学最为恰当：“在一种全然悠闲的情绪中，去消遣一个闲暇无事的下午，你这就叫懂得了如何生活。”

这本书可谓包罗万象。林语堂发表了对衣着的态度（他喜欢宽松、舒适的、中国文人穿着的长袍，不喜欢西方男士穿的需要系腰带、勒紧腹部的裤子）、对居室装饰的建议，提到了哪些酒令最有趣。

林语堂努力启发读者过闲适的生活、重视沉思和友谊、享受饮茶饮酒、热爱阅读和亲近自然。不过他讲得非常精确而具体。做到这些你不能说说而已，而是要用正确的方式和精神。在这方面最具说服力的要数《生活的享受》一章里关于“安卧眠床”的阐述。躺在床上在生理上和精神上有什么重要意义呢?生理上讲，躺在床上意味着回归自我，与外界隔绝开来，这时人可以采取最恰当有效的姿势进行休息、冥想、寻求安宁。躺在床上也有最合适、最舒服的方式。孔子，就是生活的艺术家，曾经说过在床上“不要像尸体一样平躺”，而是要侧身蜷缩。

林语堂继续写道：我相信生活最大的乐趣之一就是蜷缩着身体躺在床上。手臂的姿势也非常重要，这样才能获得最大限度的美学享受并最大限度激发头脑。我认为最合适的姿势不是平躺，而是和舒适柔软的大枕头成 30 度角，将一只胳膊或两只都伸向脑后。以这种方式，诗人能写出不朽的诗词，哲学家能够发现革命性的思想，科学家能有划时代的发现。

很少有人真正认识到独处和沉思的价值。这让人震惊。安卧眠床的艺术对于你来说不只是身体的休息。整整一天的紧张生活，你要面对不同的人并与他们交流，你的朋友试图开你的玩笑，你的兄弟姐妹挑你的毛病，把你捧上天，这一切都让你精神紧张。你需要彻底放松。我承认，就是这样。加以培养，安卧眠床意味着清扫你的精神世界。

林语堂认为，对于在商界打拼的人来说，与其每天早上风风火火地去上班，不如花一个小时躺在床上思考、计划、回顾，这样当他们来到办公室时，就会成为自己命运的主宰，而不是日程表的奴隶。对于思想家和发明家而言，林语堂认为清晨的悠闲时光更为重要。“对于作家来说，用这种方式构思出来的写作思路，要比整天坐在书桌前苦思冥想出来的多得多。”

除了提高生产效率之外，林语堂相信躺在床上最适合听音乐或是倾听从窗子里飘进来的周遭的声音，如鸟儿的鸣叫，或是城市和乡村的声音。

尽管过着闲适的生活（在我这个笃信林的信条的人的眼里，也正因此），林语堂的生活却大放异彩。他一生多产，创作涉猎的范围也十分广泛，包括杂文、散文还有小说。他在多个大洲都生活过，宗教信仰也不断改变。这些经历让我很感兴趣，因为我认为那些移居他国的人，无论是移民还是难民，都拥有他人没有的视角。那些探寻多种宗教的人，比终身坚持与生俱来的信仰的人，对于信仰有更深层次的思考。林语堂同时也涉足政治，不过与任何一个政党的关系都不持久。他一直在试图发现腐败（也总是能发现它们）。

林语堂于1895年出生在中国，在家里八个孩子里排行老五。他的父亲小时候没有受过教育，不过在青年时期自学了读写，并最终在家乡福建省龙溪县建了座小教堂，并担任牧师。很小的时候，林语堂就跳上父亲的讲道坛在集会上演讲。从那时起，他就展现出了对语言的热爱。

林语堂在中国的一所西式大学里学习神学，不过很快他就因为无法接触伟大的中国本土文化而感到困扰。从那时起，他开始学习中国文学和文化，研究道教和佛教。林语堂上大学时，他挚爱的一个姐妹由于父亲反对没能上大学，只能结婚，并在怀胎八个月时死于瘟疫。从那时起，林语堂积极主张为女性争取高等教育机会，同时决定穷其一生争取社会公平。

1919 年，林语堂来到了哈佛大学学习，不过很快就因无法负担学费而退学。他来到欧洲，先在法国打工，后来在德国继续接受教育并获得了硕士和博士学位，用德语写就了关于中国语言学的学术论文。他于 1923 年回到中国任教，其间由于国民政府的限制暂停了一段时间。之后他在上海继续教书，并开始频繁地为他创办的杂志写稿，开辟了多个批评国民政府的专栏。1933 年，正是在上海，他遇到了专栏的忠实读者珀尔・巴克。1935 年，在他的第一本书《吾国与吾民》（*My Country and My People*）获得成功后［《纽约时报》（*The New York Times*）后来评价这本书“如同在西方世界投下了炸弹”］，林语堂迁往纽约，并在那里写就了一系列作品，包括《生活的艺术》和 1943 年出版的《啼笑皆非》（*Between Tears and Laughter*），这本书对美国在国内外推行的种族政策进行了抨击。

在第二次世界大战期间，林语堂回到中国进行报道，这次他称赞了国民政府。不过在这一时期，他醉心于研究中文打字机。这在当时是难以想象的，因为与英文只有二十六个字母不同，中文有成千上万个独立的汉字。

林语堂将他全部出书所得都投入其中，但是无数次尝试都以失败告终。他没能设计出可以大批量生产且价格可以为市场接受的模型。尽管如此，他创造的概念和技术后来还是被应用于密码破译和转录机。对中文打字机的大量投入致使林语堂和夫人在战后破产，此时他们与三个未成年的女儿生活在纽约。1948 年联合国教科文组织聘请他赴巴黎出任美术与文学主任，一家人的经济困境才得以缓解。尽管他憎恶早起上班，但此时已别无选择。

林语堂晚年经济条件转好，他再次专心于写作和学术研究。他督办了第一部现代中英词典的编写，这项工作规模庞大。他还一度赴新加坡筹建南洋大学。

二十世纪五十年代，林语堂重返纽约并重新信奉基督教。在 1966 年来到台北前，他与妻子和三个女儿在纽约居住。1976 年，林语堂在台北辞世，享年八十岁。

他的小女儿描述了他在台北最后几年的快乐时光。蒋介石热情地欢迎他的到来，甚至按照林语堂自己的设计为他建造了一幢房子。蒋夫人非常喜欢林语堂，但更青睐他的夫人廖翠凤。

蒋介石还为他们配备了司机和女仆（兼任厨师）。后来，司机和女仆相爱、结婚，并生了一个小孩儿。林语堂和夫人都非常喜欢他。林语堂当时仍在为中英字典的编撰继续工作。他的女儿描述道："我爸爸下午就停下工作，和我母亲一起出去散步。他们散步的方式堪称完美：司机会把他们送到一条美丽的林间小径，我父母沿着小径散步，司机在大路上跟随。他们随时都可以结束散步，上车回家。”

今天，我认识的几乎所有人，无论多大年纪，只要不是来自中国的，都没有读过林语堂的任何作品，甚至没有听说过他。不过，当我询问我的一位姨妈是否听说过林语堂时，她马上回忆起在1936年的纽约，她的高中毕业典礼上，林语堂应邀演讲。我的姨妈清楚地记得林语堂给出的一条建议：他告诉毕业班的学生们，无论如何，就算负担旅费，他们都应该出去旅行。

如果在二十世纪三十年代林语堂就已经感觉到了放慢脚步的迫切性，那么如果他活在现今，这种感觉会更加强烈，不管是在《生活的艺术》的创作地美国，还是在世界上任何一个工业国家。

我的公寓外面有一个小公园。很小的三角形公园，中间立了一尊一战步兵的雕像。几十年来，这里不过是一小块绿地，但是最近邻居们聚集在一起将它改造成了绿草茵茵的可爱花园，其间还布置了很多长椅。春天，郁金香争相开放；夏天，各种各样的植物茂盛生长；秋天，万圣节时满园都装饰着南瓜灯，茂密的枝叶投下斑驳的阴影。**深秋时节，层林尽染显出五彩斑斓。这里正适合闲适地坐着，什么事情都不做。**

尽管如此，几乎没有人在这里静静享受。很少有人凝视雕塑或观察植物。他们都看着自己的手，更准确地说是手中捧着的手机。他们发短信、发邮件、发微博，点赞、发推、浏览页面。

我必须承认我也是他们中的一员。我们走到哪里，就会把喧嚣忙乱的生活带到哪里。

当然，有些时候，我发的短信、照片、微博就是我眼前的景物。我觉得当我停下来给小花园里的一朵花拍照时，我是以摄影师的视角观察它、欣赏它。有些时候确实如此。不过我的思绪很快就从花本身转移到把照片发给谁或帖子怎样发。发帖时，我会瞧瞧别人发的公园、花朵和孩子。这真是让人烦躁的时刻。我想知道他们在说什么！然后，我就沉浸在网络中，在其中感受愉悦和愤怒，此时身在何处已经无所谓了。林语堂认为我希望什么都不做，我也这样想。可是要做到这点怎么这么难？

不过，林语堂早已指出，闲适生活一直都很难。我的这种表现不足为奇，不能仅归因于电子设备。

即便把苹果手机放进口袋，什么都不做对我来说还是很难。喧嚣忙乱的生活会出现在我的脑海。当我反复阅读《生活的艺术》后，我突然意识到它倡导的并不是行为层面的改变，比如看手机，而是关于如何看待周遭事物的根本改变。

就拿林语堂对安卧眠床的喜爱来说，躺在床上并不是一项活动，而是放慢生活脚步的方式。你可以沉思、倾听，甚至阅读。因此我经常躺在床上读《生活的艺术》。这本书非常适合用零散时间来阅读。每隔几页就有一些句子跳出来，我得思考消化几个小时，甚至一整天。比如这句“我认为对于感官和情绪的教育要远比对想法的教育重要得多”。

随着我反复阅读《生活的艺术》，我愈加意识到它并非讲述闲适哲学，而是如书名所示，它诠释了生活的艺术。

《精灵鼠小弟》

去寻找吧

当今，大多数人寻找工作是通过敲击键盘来实现的。我们会先在屏幕上的一个空格里填上所要寻找的内容，然后点击“回车”。但这根本就不是寻找，这只是在发布请求而已。是计算机为我们完成了寻找的任务，告诉我们的要么是一个搜寻结果（比如电影是在晚上 7 点开演），要么就是列出一系列包含你所需答案的网站名单（比如当地的影城列表）。这种寻找方式与离开舒适的家去外面寻找完全不同，不同于我去外面寻找那些我知道它就在那儿的具体事物，也不同于我去外面寻找那些只是我希望它可能在那儿的抽象的东西。实实在在的寻找需要具备用电脑来寻找时并不要求的一系列素质，这些素质包括勇气、耐心、毅力和承诺。概括成一个词，其实就是：性格。

每当我想到寻找，那种真正意义上的寻找，我就会想起精灵鼠小弟。

在我五岁第一次读到《精灵鼠小弟》时就爱上了它。怀特（E. B. White）的这部小说讲述了出生在一个纽约家庭的小老鼠的故事。

书中完全没有对为什么人类家庭会将一只小老鼠视为自己的孩子做出任何解释。精灵鼠小弟，斯图尔特（Stuart）自然而然地就成了这个家庭里的新成员，只是他个子比其他家庭成员要小得多。他的住处，那个用四个衣夹和一个香烟盒做成的小床的住处，也被认为是理所当然的事。

要给精灵鼠小弟斯图尔特称体重时，里特太太就会把一个原来用来称邮件的小秤拿出来。斯图尔特刚出生时，以他的体重算，只需要花三美分就够把他用特快专递寄出去了。不过他的父母可舍不得寄走他。因为担心斯图尔特体重长得太慢，他妈带他去看了医生，这位医生很高兴见到他。书中提到，医生见他时只是轻描淡写地说了句："一个美国家庭把一只老鼠当孩子还真不多见。"而这就恰恰反映了所有人对这件事所持的态度。斯图尔特也许个子很小，也许是只老鼠，不过他确实是里特家的孩子，仅此而已。

我猜想可能正是对这种无条件的爱的表达吸引我把小说读下去，书中描写的这种毫无保留的爱将我深深吸引。我想我甚至感受到了他们的这份心境，我觉得我在初读这本书时就已经感受到，《精灵鼠小弟》这部小说传递的是一个被无条件接纳的对象。无论你生就如何，都不会失去家庭的爱。每个孩子都会和他们的父母有所不同，即便不像斯图尔特和他的父母那样相差悬殊。

我猜想这就是令我痴迷于这本书的原因之一，但其实我又并不确定。之所以是猜想，而不是确信，有两个原因。首先，我不太记得自己五岁时的想法和感受 。其次，这个想法是我在读了安德鲁·所罗门（Andrew Solomon）具有开创的意义的著作《离树很远》（*Far from the tree*）之后才迸发出来的。在这本书里，所罗门探索了垂直身份和平行水平身份之间的区别。垂直身份指的是那些与父母产生联系或共有的身份，平行水平身份则指与除父母之外的其他人产生联系的和他人而非和父母共有的身份。斯图尔特的垂直身份既包括他作为里特家族的一分子，也包括在纽约宜人的环境中长大。而他的平行水平身份则指他身为一只老鼠的身份，这是他无法和父母、哥哥产生联系的一个属性。不管你是否意识到，无论自己的平行身份如何，都会被家庭所接受，这让人感到欣慰，无论家人的接受是有意为之还是天性使然。

但我能够确信的是，让我痴迷于这本书的最主要原因其实是斯图尔特本身。无论在儿童文学还是其他一切文学作品里，他都是具有伟大性格的人物之一。他短小精悍、勇敢无畏、坚忍不拔、温文尔雅、说话温和、彬彬有礼、魅力无限，还有点冒险精神、注重实事求是，最重要的就是他非常忠诚。斯图尔特的经历可谓丰富，他曾经被锁在冰箱里、被从窗帘卷起；还于恐怖的冲突后在中央公园的池塘里驾驶模型小船，在暴风雨中从严重的撞击中逃脱出来，开着小汽车满世界寻找他挚爱的朋友——那只曾经救过他一命的小鸟马佳罗。在这些巨大的情绪波动中他经历了强烈的情绪起伏，斯图尔特却仅有一次没能保持住冷静。而这一次还是当他的生命受到严重威胁时。

一开始，斯图尔特总能化险为夷。但那次，当他意识到自己阴差阳错走了霉运被扔进了垃圾驳船，即将被倾倒进大海时，他想："好吧，这对任何人来说都是最糟糕的事情了。"他意识到自己马上要死了，不过不愿意在垃圾里被香蕉皮或是别的垃圾包裹着死去。尽管如此，这一切都还算是可以忍受的。只有当他意识到不能再见到家人和朋友，不能再感受到家的舒适，他才伤心欲绝、开始哭泣。也是此时，马佳罗飞来拯救了他。

很快，斯图尔特就振作起来了，恢复了实事求是的本性。就在马佳罗准备带他飞出驳船时，他问了几个问题：

"我可能会头晕。"斯图尔特说。

"那就别往下看！"马佳罗回答说，"这样就不会头晕了。"

"我可能会肚子疼。"

"那就疼吧随它去吧，"小鸟回答，"什么事都比死掉更好。"

“嗯，这倒是真的。”斯图尔特点头说。

斯图尔特再一次受到的情感冲击是心碎。马佳罗因为身处险境，离开时都没来得及道别，斯图尔特不知她去了哪里，也不知她为什么离开。不过，他清楚地知道，自己必须找到她。斯图尔特受到巨大的打击，寝食难安。他下定决心无论付出什么代价都要找到曾经救过他的朋友，即便这意味着他得离开家人和那舒适的家。这时，他的务实的性格特征就显现出来了，在找寻马佳罗的过程中，他还可能同时尝试着找寻自己的命运。

迄今为止，我读到的很多儿童小说的人物都只具备一种性格特征。他们有的勇敢，有的搞笑，有的自信，有的好奇，有的富于冒险精神，有的不善社交。斯图尔特与他们不一样，他更像是现实中或成人小说中的人物，拥有复杂的个性。不过，他最大的性格特点之一就是善良。如果斯图尔特成为这个世界的统治者，他会宣布将善良列入法律，要求每个人都要善良（尽管他知道大多数人可能不大会遵守这条法律）。这并不代表他没做好用武力保护朋友而战斗的准备，只是他始终愿意表现得友善一点，除非迫不得已。

如果不是有充足的理由，他会一直表现得彬彬有礼。

斯图尔特勇敢的特性也是一成不变的，但他其他方面的特征却在变化。最初，他是个不折不扣的小宅男。而当他离家探险后，开始意识到了自己是个自由的灵魂。你甚至可以叫他流浪汉。

正如斯图尔特在一座小城镇向店铺老板解释的那样："我最近与社会越来越疏远了，因我一直在四处漂泊。在哪我都没待多久，我走进了城市，又被赶了出去，今天在这，明天在那，颠沛流离。高速路、岔道口上，在这些地方你总能发现我一直在寻找马佳罗。"

对于那些童年时没有读过《精灵鼠小弟》的少数不幸读者，还有那些至今尚未读过此书的人，我接下来要说的话，可能是你们不想读到的。书的结尾，你会发现斯图尔特的寻找是没有结果的，但重要的是他仍然一直在寻找。斯图尔特始终是个浪漫的寻找者。一只有目标的老鼠，他独自一人上路，一路向北。因为这些，他学会了当你并不确切知道要去向何方时，只是这样做就对了。

我只记得我爱看书，但在我读到《精灵鼠小弟》之前（或者说，当然了，是别人给我读的），从没有一个人物让我如此强烈地想要模仿。他是我在虚拟世界里的第一任偶像。

不过，斯图尔特也从各方面给我上了感悟人生的第一堂课，那就是现实生活并非总按照书写的脚本发展。与脚本相比，现实世界可能会令我们深深失望。

我五岁时开始痴迷于 E.B. 怀特的书，它让我相信最幸福的事就是拥有一只属于我自己的斯图尔特。于是我向父母祈求帮我找一只这样的动物。那个年代，最常见的啮齿动物宠物就是沙鼠。

我向父母保证会精心照料这只沙鼠。我当然会了，我怎么能不这么做呢？他将会是我最好的朋友！我会虔诚认真地打扫他的窝，也会给他喂水饲食，我们将会成为最好的哥们儿。我以后都不会再祈求任何其他东西了。夜里，我甚至为能够得到一只沙鼠而祈祷，希望上帝能赐我一只。他不是普通的沙鼠，而是一只整洁、勇敢、有趣、富有冒险精神又友善的沙鼠。

最终，我的父母买了只沙鼠送给我当生日礼物。他真可爱，这就是我原本想要的一切。

不过这只是开始。

一天傍晚，沙鼠来我们家几天后，我把手伸进笼子抓住了他。我猜他当时不想被人抓着，因为他狠狠地咬了我的手指，害我鲜血直流。

我赶紧松开手把手缩了回来，关上了笼门。他盯着我，我也盯着他，突然我大哭起来。

这次袭击事件发生在家里的鸡尾酒会时间，我猜大人觉得整件事情很有趣。在给我贴上创可贴之后，他们就继续喝酒去了，我则独自回到房间。沙鼠看着我，我也看着他，我对当时的境遇感到越来越不开心。

其中一部分原因是因为沙鼠辜负了我，他背叛了我！再就是因为羞愧丢脸。为什么没有第二个人对于发生的这件事感到惊讶？第三则是因为大人对我的痛苦无动于衷。我受伤了，却没人在乎。

看起来好像只有一个解决办法了：我得离家出走，离开这只沙鼠，逃离这不堪的境遇。我走到壁橱前，爬上椅子，找到了我的行李箱，把几件衣服塞进去，拉好拉链，然后拖着它朝门口走去。至于要去哪，以后再说，现在我必须得走。

那时，我们住在马萨诸塞州的剑桥市。当时正值炎热的夏夜，我才走了 50 米就停了下来。那儿有座房子，是我的家，笑声从里面传出来，大人们还在喝酒。没有人意识到我离家出走了。我原以为离开家，我的痛苦就会不见了，可离开了家我的情况也没有什么差别。那么我要去哪？我的生活一直都是在那所房子里度过的，尽管住在房子里的其他人并不总能懂得我的感受，对我的遭遇感同身受。

后来，我的父母告诉我，其实他们看到了我离开，还一直透过窗子观察我。他们认为，与其把我哄回来不如等我自己回来。关于这件事的细节他们总是说得含含糊糊。接下来发生的事他们记不清了，不过很显然，我回家了。很快，这件事成了家庭趣闻之一，是关于我的最好笑的故事之一，威尔（Will）被他的沙鼠咬了，然后收拾行李一走了之。哦，那只沙鼠后来在我家安安稳稳，我必须天天喂他吃食、打扫他的窝，给他水喝。

但我们从没有真正建立起感情。我甚至不确定沙鼠是否能和人类建立情感联系，成为哥们儿。

幸运的是，这次不幸的遭遇丝毫没有减弱我对精灵鼠小弟的喜爱。毕竟斯图尔特是一只会驾船开车的老鼠，不是沙鼠。而且他还是个虚构的人物角色。就算情况不是这样，我也不会因为一只邪恶的沙鼠而让所有的啮齿动物来背黑锅。养沙鼠的痛苦经历并没让我对斯图尔特有更多了解。不过，后来我确实会时不时地思考我们各自离家出走的决定。斯图尔特离开家时，是去有目的的寻找，而我离开家，完全是为了逃离。当一个人想要逃离某些事物时，往往很难摆脱，尤其当你想要摆脱的是你自己的行为的时候。

《精灵鼠小弟》是怀特写给孩子们的第一本书。在那之前，他为《纽约人》(*The New Yorker*)杂志和《哈泼斯》(*Harper's Magazine*)月刊工作，是美国最受尊敬的散文家之一。（后来，他与威廉· 斯特伦克 （William Strunk Jr.）合作，合著了被公认为是最好的作家写作风格指南的《英文写作指南》（*The Elements of Style*）。他之后又创作了两部经典童书：《夏洛的网》（*Charlotte's Web*）和《吹小号的天鹅》（*The Trumpet of the Swan*）。

在 1939 年 2 月写给当时纽约公立图书馆首位儿童书籍管理员安妮·卡罗尔·摩尔(Anne Carroll Moore)的信中，怀特写道，他已经为一本童书创作了多年，而且只是在生病的时候才会写作。他坦言，自己对于创作童书心怀恐惧，因为“写童书很容易就会写得很肤浅，人物性格反复无常或只是可爱让人陷入一种莫名其妙的古怪脾气和胡思乱想中。除非发着烧，否则我没有十足的勇气在这样危险的领域里做探索，我都对自己没有信心”。

两周后，他向编辑寄送了小说初稿，还附了一封信。在信中他写道：“这或许看起来是本儿童读物，但其实我觉得谁都可以读。”

《精灵鼠小弟》成书于1943年，并于1945年出版。不过从《E.B.怀特书信集》（*Letter of E.B. White*）中，我们能够看到一直鼓励支持怀特的摩尔，试读这本书的时候是十分失望的，甚至向编辑要求这本书“一定不能出版”，同时她还写信给E.B.怀特的太太凯瑟琳·怀特，请求她说服丈夫不要出版此书。

不过怀特和他夫人并没有这样做。书籍正常出版，仅英文版就卖出四百万册。

关于书中开放式结尾的可能性，怀特在写给一名教师的信中提到这让他“备受折磨”，“并不是因为我认为这种处理方式有什么不对，而是因为孩子们往往希望生活是确定而圆满的”。

怀特继续解释道：“我让斯图尔特继续寻找的原因（如果必须要找原因的话）是为了暗示，寻找过程本身比最终找到这个结果更重要，一段旅程要比简单的直达终点更重要。虽然这个观点过于庞大，对孩子们来说太过抽象、很难理解，但无论如何我还是把它抛了出来。”

怀特拒绝了为《精灵鼠小弟》写续集的所有请求。主人公的寻找需要保持开放性的结尾。我从来没有想过写一个封闭式的结局，因为我并不在乎斯图尔特最后是否找到了马佳罗。让我着迷的也不是斯图尔特那如奥德赛般的冒险历险过程，而是他在此过程中经历这些事情时的所作所为。书的结尾，斯图尔特跳上汽车，向北开去。怀特写道：“太阳刚刚翻越右边的山头，他向前望去，看到在他面前展开的广袤土地。路似乎还很长，但是天空如此明媚，他隐约觉得，他正朝着正确的方向前进。”

这个开放式的结局，是所有文学作品中最美的结尾方式之一。

受到斯图尔特寻找的旅程启发，我悟到了几条人生哲理。

要尽量去寻找而不是逃避。

要尽量像斯图尔特那样随时保持礼貌，即使你所失去的让你感到痛苦，也要尽量接受那些不能改变的事情，就像斯图尔特被扔在垃圾驳船里将要被倾倒进大海时的表现一样。

要尽量穿着得体。（在这点上我做得很糟糕，一次，一个朋友跟我说：“你的衣服穿得很好。”但英语并非他的母语，后来他解释说他的意思其实是我都快把这些衣服穿烂了。）

要尽量像斯图尔特那样勇敢，就像他驾驶小船取得胜利时那样足智多谋。

最重要的一条就是，无论遇到什么事情，都要尽量保持愉快和乐观的态度，不管即将面对什么。

《火车上的女孩》

相信

我在社交网络脸书账号上有 2391 个朋友。不喜欢社交的人一定会对那些在网络上拥有 2391 个朋友的人嗤之以鼻，他们会觉得，竟然有人愿意和网上的人分享私人生活片段，还乐于浏览他们的喜恶和日常。有了这 2391 个网络朋友，我始终身处热闹的人群中，每当我打开智能手机或电脑，我就会把这些朋友请进我的生活。我很享受这么做，从中我得到了推荐的食谱；看到了在家里的、度假中的朋友照片，还有他们孩子的照片；我提出并收获了关于购物和用餐的建议；从不计其数的各种帖子中，我惊叹于动物世界的可爱。如果没有我的脸书好友，我压根儿不会发现，有个中国小女孩可以用温柔的话语和安静的抚摸给小动物催眠，不仅是小猫小狗，还有鸡、兔子、青蛙和蜥蜴。也是通过脸书，我了解到很多的书，也搜到了很多文章的链接，有的书现在是我的最爱，这些书和文章或改变、或加深了我对世界的理解。

显然，那些大多数与我分享片段和生活的人并不是传统意义上的我的朋友，只能算得上是友好的熟人和朋友的朋友。如果他们真是我的朋友，我就可以信任他们。**因为那是我对朋友的定义：值得相信的人。**

了解谁值得信任并不是一个新问题，但当更多人通过社交获得我们的生活和关注之时，对别人信任频率的增加就成为一个值得我们考虑的问题了。这些希望我推荐个工作岗位或是愿意租给我公寓住宿一晚的友善的熟人，值得我信赖吗？不会贪污新雇主的钱财吧？不会提供给我一张有臭虫的床吧？他们的推荐是明智的，还是他们在滥用这些物品的价值？

信任是种本能，如果你已掌握全部实情，那是不需要信任的，只有在无法验证的情况下才需要信任。但我相信，你可以通过测试来加强自己这方面的直觉；每验证一次自己的对错，你就又强大了一些。我发现一个判断值得信任与否的很好的方法就是阅读悬疑和恐怖小说，就像英国小说家宝拉·霍金斯（Paula Hawkins）2015 年的小说《火车上的女孩》（*The Girl on the Train*）一样。

在我读这部小说之前，我已经对小说有了不少了解，这是一部关于一个名叫雷切尔（Rachel）的女孩的恐怖小说，她每天早晚搭乘通勤火车。我也知道那辆火车每天都会停靠在同一个地方，在这里女孩可以见到一对夫妇正在家里的露台上享用早餐，每天看到这对夫妇也正是女孩所期待的。她开始觉察到，自己竟然开始了解他们了。我还知道，她给他们取了名字，甚至虚构出他们拥有完美的生活。

我也知道，有一天，她会遇见让她震惊的事。一瞬间，所有的事情全变了。她去找了警察，之后不仅被卷入调查还被牵扯进涉事的每一个人的生活中。我所不知道的是，找警察对她来说到底是伤害更大还是带来了好处。

我为什么知道这些？原因很简单。这些就是出版商想要我了解的，因为他们把这些内容印在了美版精装封面的折页上。除非我非常不愿意读这个折页，否则我很难抗拒这些信息。

但在我读到这个折页之前我就听说过这部小说，很少有人会在完全一无所知的情况下读一本书，人们往往会从朋友、评论家、图书销售或是在线书评那儿对要读的书多少进行点了解。大多数人不会想去读一本书，除非他了解一些关于此书的信息，哪怕是这本书摆放在哪。

一旦你开始阅读《火车上的女孩》，你会立刻发现，雷切尔是个不可靠的叙述者，那是因为，她不会告诉读者事情的真相。关于不可靠叙述者的书有个良好传统：福特·马多克斯·福特（Ford Madox Ford）于1915年出版的《好士兵》（*The*

Good Soldier）是最有影响力的，是本出色的关于婚姻和不忠的愤世嫉俗的小说；吉莉安·弗林（Gillian Flynn）2012年出版的悬疑小说《失踪的女孩》（*Gone Girl*）是不可靠叙事者的又一例证，书中还包含了愤世嫉俗的婚姻观，和比《好战士》更加血腥的情节。

但是，如果你读了《火车上的女孩》，你会知道，雷切尔最终到底说的是实话还是假话。如果你还没读过，我不打算剧透。你应该去读一读，然后自行找到答案。雷切尔嫉妒心重，经常无理取闹，和她的前男友纠缠不清，她存在严重的性格缺陷但又活得很深刻，既富有同情心又容易惹人生气。你想信任她，又会不停地给自己很多理由不要这样做。当你刚刚认为猜出了后续情节发展走势时，又会发现其实并没有。

雷切尔如同大多数不可靠叙事者一样，根本不是一个真正的不可靠叙事者；她只是具有这种可能性而已。

跟随一个可能的不可靠叙事者来读书和跟随一个确定的不可靠叙事者是完全相反的，这其中的乐趣就在于你得到事实的真实性是不确定的，全部不确定或部分不确定。如果你知道叙事者本身就是不可靠的这一事实，而她又根本并非一个真正的不可靠叙事者，那很显然，她就是一个不诚实的人。

雷切尔是《火车上的女孩》中三位叙事者之一，让她这位主要人物特别吸引人的地方就在于她承认自己在说谎，以此吸引人们认真听她讲故事（如果我承认事实，那信任就会溜走），而且她还有可能在对自己说谎。她就可能好像是夏洛克·福尔摩斯（Sherlock Holmes）和罪犯莫里亚蒂（Moriarty）的综合体。她酗酒、频繁夜出，所以，她自己也并不确定到底是否目击了事件过程和有没有参与实施。

她曾一度尝试被催眠，但当治疗师告诉她催眠中的“记忆回归”手段并不总是值得信任时，她拒绝了继续接受催眠（她的行为透露出，他说出的这些话对她来说具有特殊意义）。她告诉我们：“我不想冒险，我不能忍受脑海里再出现另外一种想象，但那其中又有很多记忆是不能信任的。那些混合的、已经发生变化的记忆会让我愚蠢地相信并非事实的事，局限我的思路，当我该往别处看时却害我只能盯着此处看。”

也许严重缺乏清晰思路的是我和很多其他读者为雷切尔们做过什么。总而言之，在我们处于狂发信息和频繁盯紧屏幕的状态中，或在我们自己有时喝多了而陷入的那个状态中，现实确实会变得模糊，而且有时候是我们让它模糊的。我读过哪些内容？我发过哪些文字？那是我见到的，读过的，还是梦到的？我们常常不得而知。这种状态就够吓人的了。但更令人恐惧的是，当我们确信我们的所见、所为或所读时，之后却发现我们其实从来就没这么做过。

我可能会对我丈夫说：“我确定那时在下雨；我们吃了烧烤；

是吉姆告诉了我那个有趣的故事。”

而我的丈夫可能回答：“呃，我确定当时出太阳了；我们吃了汉堡；是玛丽讲的那个故事。”

在一个正确的世界里，我们可能都出错了：那天可能有点轻雾；我们可能吃的炸鸡；是埃德加（Edgar）讲的故事。当事实被告知，我们听到“我告诉你就是这样的”这句话的时候，我们很可能会不高兴。但现实是，往往我们其中只有一个人记差了。

当你发现自己错了，是在你很肯定自己就是对的的时候，那感觉就像动画片里一个角色掉下悬崖的一刻，先是定住几秒然后骤然掉落。承认错误之前，你总会有个瞬间对结果仍抱有一丝希望，然后你脚下的地面就崩塌了。

如果我们不能总是相信自己，那我们怎么可能去信任别人？

这部悬疑小说给出的答案就是：即使你周围全是陌生人，终究还是要选择信任某些人，而且往往是你觉得最不可能的那个人。为了误导我们，聪明的作者让读者对这些人物产生偏见和成见。最终，是这些角色自己打破偏见，自我救赎。很可能政府官员并不会挺身而出来帮助你，而躲在角落的那个罪犯才是唯一能救你的人。

网络中脸书上的朋友和真实世界里走进我们生活的人也是一样。他们认识哪些人？他们的谋生之道和看起来的样子也只给了我们很少量的信息。他们对自己的描述也只给我们提供了很少的信息。那他们是可以信任的还是不可以信任的呢？有时候，他们自己也不知道。

《火车上的女孩》这类小说给了我们一些方法，使用这些方法我们需要试着去找到谁是值得信任的人，谁又是需要敬而远之的，让我们更加关注朋友们是如何做的，而不是他们呈现出什么样子或是说了些什么。

还有一件我从悬疑小说中学到的事情就是，你唯一最不该信任的人就是那些对你说“相信我”的人。

《奥德赛》

接受平庸

在二十世纪七十年代早期的波士顿地区，从七年级开始学习拉丁语算不上稀奇。几乎所有学校，无论是公立学校还是私立学校，都设立了这门课程。我猜想这可能与波士顿拥有大量具有影响力的爱尔兰天主教徒有关（梵蒂冈第二届大公会议于 1965 年结束，即便在此之后，波士顿地区的弥撒仪式仍然时常用拉丁语举行）。在我所在的学校，上拉丁语课更是稀松平常的事，因为这儿的拉丁语老师是那种十分受学生追捧的类型。就算他教维吾尔语，教室里也会挤满了学生。课堂本身并不是吸引学生的唯一原因。能够告诉别人自己上了这位老师的课，并且和同门师兄师姐交流谈资也让学生感到自豪。因此，12 岁时，我也开始学习拉丁语。

文学作品中有很多描写伟大教师的书籍，在此只列举其中的两部作品：穆里尔·斯帕克（Muriel Spark）的《简·布罗迪小姐的青春》和詹姆士·希尔顿的《万世师表》《万古流芳》《再见，奇普斯先生》（*James Hilton Goodbye, Mr. Chips*）。吉尔先生（Mr. Gill），我七年级的拉丁语老师，正是那种卓越的、具有感召力的老师。他应该拥有一本属于自己的书。

“啊，阳光穿透了花岗岩脑袋。”当你答对问题时吉尔先生会这样说。我们觉得这样的表达真是天马行空，因为花岗岩脑袋对应的两个英文单词合在一起是附近马萨诸塞州的一个城市的名字[①]。我们不仅想要向吉尔先生学习，还想成为像他一样的人，甚至模仿他打招呼和问好的方式，把“嗨，嗨、你好吗？（Hi Hi, How are you？）”说成他那种带着浓重波士顿口音的腔调：“嘿，嘿，你好不？（hi,hi, how ah yuh？）”回答永远都是：“好呀，好呀，好呀，我很好！（Gud，gud, ya-self！）”

吉尔先生相信当多种感官共同参与到学习中时，学习效果最佳。因此他让我们齐诵拉丁语中的词形变化，让我们充分听到声音的区别；他还要求每个学生都制作一套专属的拉丁语－英语闪视卡，这样我们在学习时就可以触摸到这些单词。嗅觉和味觉吉尔先生倒是没有用到。

每个星期，在收集了我们自制的闪视卡后，他会像扔飞盘

---

① 二者发音相同。

一样把卡片扔回给我们。这样做的目的不同寻常。如果能够灵巧敏捷地接住你的卡片而不出丑，你会有点沾沾自喜，同时这也是在课堂上让你保持清醒的动力，如果你正在打盹，那你的卡片就飞出去了。

我们学习法语是为了（我们希望，有朝一日）去法国。学习历史，是因为不断有人提醒我们，如果不以史为鉴，就一定会重蹈覆辙。学习数学，是为了学习更深奥的数学（至少这是我们听到的解释：如果不掌握几何学，就学不会三角函数；不会三角函数，就学不了微积分——难怪我一有机会就停止了数学学习，而这让我悔恨终身）。但是，拉丁语——拉丁语也将教会我们一些东西。究竟是什么呢？这个嘛，我们需要耐心等待才能得到答案。

最先学的是恺撒的作品。从他那里我了解到高卢（Gaul）分为三个区域。同时我读到了很多军事演习，还有关于罗马帝国及其邻国的令人惊叹的史实。（根据恺撒的描述，大不列颠早期的野蛮人在身上染上可怕的蓝色阴影，把全身除了头顶和肚子的毛发全都剃光；他们还实行一夫多妻制。）我们花了很长时间阅读恺撒的作品。这很有趣。但是吉尔先生怀着庄严的崇敬之情谈论古希腊和拉丁文学蕴藏的宝库，这让我一直耐心等待能让我茅塞顿开的知识出现。我对即将学到的东西有很强的求知欲，在达到特定程度后我将成为类似于共济会成员那样的人——掌握秘密，并与经历过同样严格入会仪式的人分享。当我学会了它，我希望并且坚信，我的生活将完全不同。

然而，与此同时，我开始认识到一个伟大的事实：历史是漫长的，而我的生命很短暂。恺撒取得的成就我完全不可能实现；他还将这些成就写成了永恒的著作，只要人类还在阅读，就一定会读这些作品。在世上留下能与恺撒媲美的印记对我来说是不可能的。

当我开始了高中寄宿生活，我决定继续学习拉丁语，并决定开始学习古希腊语。没有什么特殊的理由，我只是相信古希腊语是语言的真正核心。如果把拉丁语比作海军，那么古希腊语就是海豹突击队。除此之外，学习古希腊语意味着我能够与另外一位极富个人魅力的老师产生交集，他就是乔治·特雷西。

特雷西先生（Mr.Tracy）的经历极富戏剧性——在他的出生地加拿大，他曾经做过演员，出演莎士比亚的作品。同时他的严厉程度也是出了名的。他并不把我们当孩子，而把我们看作疏于学习而没有掌握相应知识的成年人。不过，一旦有学生表现出已经掌握这些知识，那么，他将如沐阳光。

按照传统，希腊语是从后往前教的——或者，换句话说，是从年代上位于中间的柏拉图教起，然后再教柏拉图之前的语言。即便荷马早于柏拉图出现，学校还是会先教柏拉图使用的希腊语，然后才教荷马使用的希腊语。这二者的区别要比现代英语与莎士比亚时期英语的区别大得多。

特雷西先生的教学方法完全不同。他从荷马教起，然后按照时间顺序让学生依次接触柏拉图、希腊戏剧家，最后按照这个顺序讲到《新约》（*The New Testament*）使用的希腊语（要简单得多）。

这样做意味着几件事。首先，这意味着只有一本教科书可用：《荷马时代的希腊阅读课程》（*A Reading Course in Homeric Greek*）。其他的所有教科书都是按照传统从柏拉图开始的。我记得，这本书里的练习句都非常怪异："如果耶稣和荷马相遇，他们会如何相处？"（我记得我选择了不同的观点回答这个问题。我还记得当时自己在想，要是耶稣能够让荷马复明，那么荷马很有可能选择别的职业，这样我们就没有机会读到他的伟大作品了。）

其次，这意味着学习要从荷马的作品开始：学了几个月的古希腊语后，我将《伊利亚特》（*The Iliad*）中的一段翻译成英语。这真让人激动。

相信我，我的译文绝对史无前例。

啊！永恒的受到保护的宙斯的孩子，

希腊人四季怀念他们的故土，

指向回家的那条潮湿小径如今已荒草丛生，

把海伦留给了普里阿摩斯和特洛伊。

What ho！ Eternal Aegis-Bearing Zeus’s child,
The Greeks spring forth towards their native land,
To head for home o’er watery paths now wild,
Leaving Helen to Priam and the Trojan’s hands.

面对这种情况，吉尔先生可能会温和地建议我重温一下词汇卡，而特雷西先生严肃地绷紧了脸。他告诉我《伊利亚特》的现代翻译没有特殊要求去刻意模仿亚历山大·蒲柏的风格。我确定他还说了用现代英语就可以了，而且让我一定、一定不要再押韵了，而是要关注词语的内在含义。

但是我已经陷进去了。如果我正在寻找能够跨越时空将自己和他人连接在一起的奥秘，《伊利亚特》和《奥德赛》（*The Odyssey*）就是途径。真让人兴奋。我从来都不知道还有这样的世界——这里到处是恐惧和傲慢、诱惑和战争、忠诚和背叛。这也是真实的成人世界，充满了暴力、性和药物。

我最先喜欢上的人物是奥德赛。他是一位真正的英雄。他足智多谋，骗过了独眼巨人库克罗普斯（Cyclops）。他身强力壮，领导着众人。他坚韧不拔。同时，他又极容易犯错误，由于贪婪、骄傲和判断力差，做了很多不恰当的选择。

书中提出忘忧国的想法也让我感到震撼。奥德赛在这里停留，其间差点失去部分船员。忘忧国就像个天堂，时间轻松流逝。到访这里的人愉快地吃下迷药，忘记了一生中需要做的所有事情，放弃了所有回家的计划。二十世纪六十年的阴影笼罩着我的青春期，我觉得自己能够理解这片土地的吸引力：我当时已经看到不少只比我大几岁的人找到了自己的忘忧国，而且再也无法离开。《奥德赛》的故事强调的是，尽管你可以探访忘忧国，但是终有一个时刻，你必须要离开那里。当然，做到这点并非易事。但是如果你不在那个时刻离开，你可能永远都无法离开，永远。

特雷西先生指导我们阅读《奥德赛》，并且让我们将一个词牢记在心："怀旧"。这不是我们现在所说的那种怀旧，那种伴随着收音机里播放的七十年代的歌曲，比如"Blame It on the sun" by Stevie Wonder，或是 Landslide by Fleetwood Mac，缓慢舞蹈时发出的愉快的尖叫和微弱的由于渴望带来的痛苦。实际上，收音机正是现代怀旧的起因。不，这里的"怀旧"是指这个词的真正含义：乡愁。这种渴望是如此强烈，甚至发展成了最严重的疾病。寂静的夜里，远离家乡的孩子身边只有陌生人陪伴，他的哭泣没有人能够抚慰。他不知道还能不能回到长大的地方，回到抚养他的亲人身边。这孩子感受到的痛苦就是奥德赛的乡愁，是强烈的思乡之苦给人带来的不可承受的痛苦。

你能够在忘忧国停留多久呢？当你不知道是否还能回到家乡，不知道哪一天家园就消失了，这种痛苦你要如何面对？我开始意识到阅读古希腊和拉丁文学，我并不会被其中的某一个知识或信息震惊，或是知晓其中一个秘密后从此改变生活。它给予我的是更宝贵的东西：值得思考一生的问题。

在接下来的几年里，我继续跟随特雷西先生学习古希腊和拉丁文学。一同学习的还有特雷西先生的一位年轻同事，他充满激情和魅力。我们叫他 Doc Marshall（好像他并非古希腊和拉丁文学的博士，而是西部世界的人物）。在接下来的大学生活里，我又接触到了一系列古怪的老师（其中一位被医生禁止阅读修昔底德斯的作品，因为这会让他心跳加速）。经过多年的学习，我从书籍中和老师身上学到了很多东西，也因此提出了许多重要的问题，这成了我个人作品的一部分。这其中最重要的一次领悟发生在刚刚和特雷西老师上了几个星期课之后。这是关于学习的一课。

布置的作业很简单：写一篇关于经典话题的论文，这些观点要么不为人所知，要么不容易研究。我做了充足的准备（至少我花了好几个小时写这篇文章），对我的论文信心十足。正因如此，在几天后论文发回来时我很兴奋，可是当我看到特雷西先生只评了 C 时难免大失所望、心中愤愤。

课后我去找了特雷西先生。

“对不起，先生，”我有些犹豫地说道，“我觉得我应该得 B。”

特雷西先生一脸沉静地看着我，接着他拿出了巨大的红色签字笔，小心翼翼地把 C 画掉。接着他写了个大大的 B，然后把论文递给我。他的手停住了，然后问了我一个关键问题："你确定不想得 A？"

我本来没有想过胜利能来得如此轻松，还准备好了一套说辞，因此面对这个问题我手足无措。不过接下来发生的事让我意识到事态的发展远不止于此。

特雷西先生等了一会儿，然后说道："这篇文章就是 C 的水平。不管我在上面写什么评价，它始终是 C 的水平。不过我很乐意给它评 B 或 A。事实上，你为什么不告诉我以后的文章你想得到什么评语，省着我费力去阅读和评判？"

特雷西先生继续说："对了，你为什么不告诉我这门课你想得到什么分数，这样你以后都不用来上课了。"

我只能恳求特雷西先生重新评回 C。终于，我如愿以偿了。

我觉得那天下午我学到的是不要过分关注分数。

不过，现在回想起来，我认识到特雷西先生教会我的是发现自己的平庸。事实上，学习的本质就是要做到这一点。

C 意味着你的文章处于中等水平。中等并不是令人羞耻的。你又没有不及格，C 离不及格还差得远呢。你做了你应该做到的事情。愉快地接受 C 意味着你认识到还有 B 和 A，你和它们还有距离。你既能够因为位于中游而感到骄傲，又能珍视自己仍然有进步的空间。

平庸并不代表愚蠢、粗制滥造或者低俗。它只是普通。普通并没有错，也没什么不好。当你接受平庸，你就会变得谦逊。你学会了接受这样的事实，即无论你对一件事情有多么擅长，这世上都可能会有人比你更有天赋。你可以努力向做得更好的人学习，或者至少欣赏他们——即便你不想成为他们。显而易见，我们大多数人都是普通的，而且每个人在某些领域的表现也是普通的。

这只是视角问题。你们当地小联赛的最佳投手在大型联赛的投手丘上可能站不了多久。伟大的老师帮助我们用尽可能广阔的视角观察自己。特雷西先生也许是想给我上一课，让我认识到我有多自大，但是他绝不是在压制我：他试图让我看到事物的本来面目。鼓励的形式有很多种，但是过多和无端的表扬并不是鼓励。

英国散文家切斯特顿（G.K.Chesterton），在1910年发表的论文《世界怎么了》（*What's Wrong with the World*）中写道："如果一件事情值得做，那么即便做得不好也是值得的。"诚然，做得好确实更好些。不过如果一件事情值得做，不管能做得多好或多不好，它都是值得做的。仅仅是值得做而已。当我们诋毁平庸，我们是在阻止自己和别人去尝试新事物。当一名伟大的画家固然好，但是画画本身就很伟大。唱歌、陶艺、织围巾、下棋都是这个道理。

当然，这么说并不意味着我们要降低标准。事实上，我们将一些好的或精致的事物视为伟大，其部分原因就是对于平庸的完全没有依据的恐惧。格林威治村有很多好吃的比萨，它们既不是纽约最差的也不是那里最好的。我们不需要假装这些比萨极其美味、馅料极其丰富，也能愉快地享用。我们甚至时不时还想自己动手做普通的比萨。

说回到奥德赛，就算是他也会承认自己回家的旅程其实算不上伟大。他聪明却也自大，还自吹自擂，到处惹麻烦。很多人在《伊利亚特》里记录的战争结束后就很快回到家了，而奥德赛用了十年。他被人俘虏、磨磨蹭蹭，还一度迷了路。他身陷暴风雨，甚至差点放弃了回家的征程——与女巫喀耳刻，同时也是位手艺精湛的厨师生活在一起。

但是他最后还是回到了伊萨卡（Ithaca）（在神的帮助下），发现这里已经一片混乱。这次返乡之旅绝对是 C 的水平，远远达不到 A，但是，无论如何，这都不是失败。

《当我谈跑步时我谈些什么》

小睡

日本小说家村上春树的小说和故事引人入胜，它们都极富梦幻色彩，还经常包含虚构的成分，比如为羊发狂的男人、发光的独角兽的头骨、交错的时空。故事里的主人公通常被描写成出于各种原因远离社会的人。1982 年，在村上春树 33 岁时，他的第三部作品《寻羊冒险记》（*A wild Sheep Chase*）在国际上取得了巨大成功。从那时至今，他又有十余部作品问世，每一部都成了全球畅销书，其中包括《奇鸟行状录》（*The Wind-up Bird Chronicle*）、《海边的卡夫卡》（*Kafka on the Shore*）和《1Q84》。村上春树获得了除诺贝尔文学奖之外你所能想到的所有文学类奖项。正因如此，他也成了赌注经纪人青睐的对象。村上春树还创作短篇小说，并将英语书籍翻译成日语。他游历广泛，喜欢收集黑胶唱片，时不时也任教授课。

村上春树爱好跑步。他每天都要跑步，还跑马拉松。在他的随笔集《当我谈跑步时我谈些什么》（*What I Talk About When I Running*）的序言里，村上春树写到跑步“既是锻炼也是隐喻。日复一日跑步、参加各种比赛、逐渐增加难度，通过不断挑战更高的水平，我得到了提升。至少这是我每天挥汗如雨的动力：提升自己的水平。我并不是伟大的运动员。我的水平很一般，或者用平庸形容更准确。但是这不是重点。重点是和昨天相比，我是不是进步了。在长距离跑步中，唯一需要击败的对手只有你自己——你过去的状态”。

村上春树还喜欢小睡。书中写道：“我保持健康的另一个方法是小睡。我经常打盹儿。通常刚刚吃完午饭，我就会感到困意，陷在沙发里就睡着了。三十分钟后，我会自己醒过来。一旦睁开眼睛，我的身体就立刻恢复了活力，头脑也十分清晰。这就是南部欧洲人们常说的午休。我想我是在意大利的时候养成这一习惯的。不过也有可能记错了，因为我一直都爱瞌睡。”

在一本描写通过体力和耐力所取得的成绩的书中，这段描写算得上反常。村上春树［由菲利普·加百利（Philip Gabriel）译］按照时间顺序讲述了他一生的写作和跑步的经历，一直写到在 2006 年参加纽约马拉松比赛。这是很私人的作品，但本质上并不是励志自助类书籍。在这本书里，作者向人们展示了在参加马拉松训练和比赛时以及在写作时他脑海中的景象。他分享了跑步时听的音乐［有时会听爵士乐，大部分时候是摇滚乐，包括红辣椒乐队、贝克真情乐队、海滩男孩和滚石乐队（Red Hot Chili Peppers, Beck, the Beach Boys and the Rolling Stones）］、他的体重、他的饮食（在波士顿居住和跑步时，他喝山姆亚当斯牌啤酒，吃 Dunkin 甜甜圈），还有他穿哪个牌子的跑鞋（美津浓）。

在更深层次上，村上春树探讨了独处的需要，但是也提到独处带来的具有腐蚀性的危害。他描写愤怒，以及自己是如何控制愤怒的（再多跑一会儿）。他告诉我们他生活中发生的事，还描述了他决定成为一名小说家的那个特殊时刻——就在 1978 年 4 月 1 日下午 1:30 举行的棒球比赛上，一名叫作大卫・希尔顿（Dave Hilton）的年轻美国选手打出了一记双杀之后。他写道："正是在那一刻，我忽然产生了这样的念头：知道吗？我可以尝试写部小说。"

那时村上春树 29 岁。他直到 33 岁时才开始跑步。"耶稣在这个年纪去世。斯科特・菲茨杰拉德在这个年纪开始走下坡路。33 岁也许是人生的某个交叉路口。"

书中有一章尤其生动。村上春树回忆起在雅典和马拉松——原始的地名——之间跑步的经历。这段长达 42 千米的路程据说是公元前 490 年，希腊人在马拉松之战中击败了波斯人后派出的向雅典报信的信使跑过的路。村上春树跑的方向与那位信使相反，他从终点开始。这是他第一次跑这么远的距离。在高峰时段的通勤路上跑步，汽车和卡车不断从身边经过，让这次令人筋疲力尽的长达三个半小时的跋涉愈加沉闷。村上春树一直数着路上遇到的被撞死的动物：一共三只狗和十一只猫，这让人感到沮丧。他一边跑，一边要忍受高温、风和口干舌燥，还有他对于所有人和所有事的愤怒，包括路边的羊。但是，他最终还是跑完了。

在完成此书之后，现实中的村上春树又继续参加马拉松比赛，甚至完成了他的第一个三项全能比赛。当然，他也还在写作。而且，我们可以猜想，他也仍然小睡。

不过所有关于跑步、写作、训练的描述都既是故事又是隐喻。正如作者有时羞怯地承认，这本书“的确包含了不少算得上人生感悟的东西”。

读村上春树这本关于跑步的书时，我正穿戴整齐躺在铺了床罩的床上，准备在炎炎夏日小睡一会儿。但是书中的描写让人着迷，我根本睡不着，而是兴奋地不停地勾出语句。这本书的确充满了人生感悟。其中之一就是人要知道应该在什么时候结束一天的工作：在跑步和写作的过程中，村上春树认识到你应该在发现自己精力枯竭之前就停下来，而不是在此之后。这样能够让人受益匪浅。他写道：“这样做，第二天的工作会出奇的顺利。我想海明威也采取类似的方式。想要能一直继续下去，你需要保持节奏。这对于耗时长的工程十分重要。”我勾出了之后的一句：“一旦设定好节奏，接下来就顺理成章了。”

随后，村上春树写道，到了一定年纪，你需要为你的生活排出优先顺序。作者在年轻的时候有用不完的时间可以应对所有人——那时，他和妻子拥有一家小酒吧并共同打理。现在，他需要选择见什么人、做什么事。

同时他谨慎地提到即便是在拥有小酒吧的那个年代，他也从没考虑过怎样去取悦所有人。如果来酒吧的十个人里有九个人都不喜欢这里，那也无所谓。他只需要十个里面有一个人喜欢这里——嗯，爱上这里，并且会再度到访、成为常客。为了确保这一点，村上春树解释道：“我必须让自己的人生哲学和立场一目了然，然后无论如何都耐心地维持这一立场。”

他对自己的作品也抱有这样的态度。有些读者可能并不喜欢他的头两部小说，但是他不为所动，继续写作，直到《寻羊冒险记》取得爆炸性的成功。他要打造一批热爱他的书的读者，并把他们培养成“仅占十分之一，但是会反复阅读的忠实读者”。

躺在床上读这本书时，我发现思考着村上春树的“人生感悟”经常把我带回到关于小睡的那个片段。我知道这挺讽刺的，读一本关于跑步的书却总想着描写睡觉的一章。不过越是多花时间躺在床上消化这本书，我就越清楚地发现跑步和睡觉之间的相似之处。

村上春树完全不知道他在跑步的时候都想了些什么，取而代之的，他描写跑步时脑海里的思绪就好像天上的云朵：“云朵有不同的大小。它们来来去去，而天空始终是同样的天空。云朵只是天空的客人，会从天空中离开、会消失。”

小睡时我可能会做梦，甚至可能会清楚地记得梦境。但是我睡觉时产生的思绪也像云朵，是那些“会离开、会消失”的影像。

村上春树依靠跑步时独处的安静时光来保持“精神健康”和身体健康，这也给了他耐力去坚持他的事业：坐在桌边写作并专注于作品。

小睡同时也是后撤的一种形式。你可以躺在别人身边小睡，不过睡觉这件事是你独自完成的——就好像你和别人一起跑步，但是你必须亲自去跑是一样的。小睡和跑步都能产生一种做梦的状态——一种半梦半醒、飘飘欲仙的感受。很多人通过服用药物和接受吹捧达到这种状态，而幸运的人通过马路和创作就可以实现。

小睡还具有跑步没有的益处。

关于小睡最伟大的一点就是让你能把一天当成两天看待。小睡之前是一整天，睡醒后又有一整天等着你。

对于我来说，最完美的周末从清晨认真阅读报纸开始，然后早早地吃顿午餐，如果有人坚持的话可能会来杯血红玛丽，接着开始读书。大概四十分钟后，我感到眼皮发沉，手里的书好像更沉。就这样，我肯定要睡上了一会儿了。

读书和小睡，人生中最让人愉悦的这两件事，相处得相当融洽。阅读被小睡打断的最大收获就是，我经常能够被潜意识带入书中的场景，这极大丰富了读书的感受。小睡的时候，我可能发现自己正在荒原上和希刺克厉夫骑马狂奔，或者正在和莫瑞先生度过星期一或星期三。从一个小时左右的小睡中醒来，我发现书摊开躺在我的胸口，新的一章已经在我的脑海里停留。我不用思考就充分利用了时间，而且还获得了新的场景和影像。

如果这的确是个让人舒服的一天，我会继续再读会儿书，大概一小时。然后，我起身，往脸上拍些凉水，处理邮件或付账单。到了下午 6 点再喝上一杯。整整一周我都在梦想能像这样过一个星期六或星期日。

我十分珍视关于小睡的记忆——有的发生在我的童年，枕在祖母家带有 BLESS THIS MESS 图案的绣花枕头上，有的就发生在几天前。

让人难过的是，我们现在所处的世界越来越不能容忍小睡和习惯小睡的人。

上学的时候，我将上课睡觉的艺术发展到了极致：手肘撑住书桌，两个手的手指交叉，用两个食指兜着头，看上去好像是在认真听讲。但是在小隔间或者与人共用的办公桌上，以这种方式小睡就很难不被人发现。老板和同事都通过听到敲击键盘的声音，证明你在工作。如果不连续敲击键盘给电脑喂些数字和字母，屏幕和电脑就会启动休眠程序。具有讽刺意味的是我们不允许自己做的事，却设定电脑去做。

如果有自己的办公室，习惯小睡的人的生活会轻松一些。在开放式办公的环境中，每个人都能够看到其他所有人，那简直就是灾难。于是我们一次次来到休息室倒咖啡——这是睡觉的敌人，或者迅速来到星巴克要一杯高糖或者高脂肪饮料，一直撑到下班回家。

我认同林语堂的观点，忍不住把小睡和懒洋洋地躺在床上视作人生乐趣，更视作人的权利。小睡和放松的自由并不是富兰克林·罗斯福的四大自由之一［如同艾琳娜·罗斯福在《世界人权宣言》（*Universal Declaration of Human Rights*）中保留的］，但是或许应该是第五大自由。（顺便说一句，艾琳娜在演讲前睡能量觉，温斯顿·丘吉尔也是个喜欢小睡的人。）

很多科学期刊都刊登了研究小睡对身体带来的益处的文章，我对此一点也不感兴趣。对小睡进行科学研究本身就与小睡的精神背道而驰。我相信村上春树也对此抱有类似的观点。他提到了小睡对身体的好处，但是紧跟着就直接承认他一直热爱小睡。去做自己热爱的事是不需要理由的。

最近我读到一篇感人的文章。作者托比·坎贝尔，MD (Toby

Campbell，MD），是一名癌症肿瘤专家，在临终医院和临终关怀机构工作。这篇发表在《美国医学协会杂志》（*Journal of the American Medical Association*）的文章写的是，在威斯康星的一个晴朗的日子里，作者是怎样意识到他自己的“遗愿清单全错了”，关于在生命走到尽头时哪些才是最重要的认识应该进化了。他当时正在探访一位名叫吉斯的病人。吉斯被认定只能再活几天，于是医院就让他出院回到家里度过最后的日子。但是吉斯又顽强地活了三个月，尽管他的家人报告说他已经“奄奄一息”了。于是，坎贝尔医生来到他家探视。吉斯的家人和朋友围在他身边，为他依然活着庆祝了一次。后来，吉斯还活着，他们又庆祝了一次；之后，他们又庆祝了第三次。吉斯的生命的确在消失——这一点毋庸置疑——只是不像大家预期的那么快而已。他向坎贝尔医生吐露心声说他现在感到筋疲力尽，而这并非因为疾病。问题是他身边的所有人都努力试图让他生命中仅存的每一刻都过得有意义，他没有一点属于个人的时间。

坎贝尔医生意识到尽管他曾经照顾过几百名濒临死亡的人，但是他关于生命尽头的理解可能被误导了：“持续的高强度的生活会让人感到疲惫不堪。”吉斯没有遗愿清单需要在去世之前实现。他热切希望能够无所事事地度过时光：也许小睡一会儿，也许随便看看电视节目，并且不为此产生罪恶感或遗憾。他需要从认为自己在浪费宝贵时间的想法中解脱出来，而不是因生命中最重要的待办清单徒增压力。**每一天，我们都需要安静的时光来理解发生的所有事情——漫长的一生更需要这样的时刻。**

当然，小睡也是一种特权。我的那些要做几份工作还有孩子要照顾的朋友几乎找不到时间小睡。但是正因如此，当他们能够小睡片刻时，就会睡得更加香甜。

几年前，我出差到一个小镇，一位朋友在此居住。会议结束后，他开车接上我，返回他的公寓。我们有很多事要聊——我们已经好几个月没见了，而且有太多话题要聊时人禁不住兴高采烈。共同的朋友、各自的家人、生的小病、看的书和电影……

不一会儿，像以往一样，我们的谈话转到了生活有多繁忙。这时我的朋友问："你想不想睡一小会儿？"

事实上，我迫不及待地想睡会儿。我赶的早班飞机，一直在担心工作，而且开会让人十分紧张。

于是我在沙发上放松地躺下，不一会儿就睡着了。在我睡觉的二十分钟里，他去了厨房，发了几封邮件。

"你想不想睡一小会儿？"这是那种我们应该多问问彼此的问题。这很简单，而且不会带来任何成本。

《生活的艺术》中有一章叫作"虚度光阴的意义"。林语堂在这章中写到了"效率、准时和对于成功和成就的渴望"有多可怕。他把它们称为"美国人的三大恶行"。他这样写道："正是它们让美国人感到如此不快乐、如此紧张。它们盗取了人们不可或缺的虚度光阴的权利，骗走了很多美好的、悠闲的下午时光。”

让人高兴的是，远离这三大恶行其实很简单：只要你有机会，就躺下来，闭上眼睛吧。

《乔凡尼的房间》

连接

我走进图书馆。我的手心不停地出汗，这并不是因为我为特别的事感到紧张，而是因为十六岁的我手心一直出汗。它们永远是潮乎乎的，如同我的脸永远布满了愤怒的粉刺，构成粉色和红色的斑块。我的头发松松软软，挡住了眼睛。我攒了很久的钱，终于把那副厚重的塑料眼镜换成了更酷的款式——深色的圆框眼镜，就像约翰·列侬（John Lennon）戴的那种。但是出汗的手心总是让我装酷的努力化为乌有。

那是一个温暖的日子，别的孩子都在户外参加体育活动，或者在假装学习，或者在听感恩而死（Grateful Dead）乐队的歌，或者在树林里抽烟，只有我在图书馆。而且，我也不确定我希望能找到什么。

图书馆是位于池塘边的一座又矮又宽的石头建筑。即便不开空调，室内依然很凉爽。大楼的前厅摆着卡片目录和图书管理员洛克小姐的桌子。穿过前厅就是宽敞的阅读室，布满了皮质座椅和铜质台灯，在它们远端、左边、右边，甚至在座椅中央，都摆放着整排的书架和单人使用的小隔间。二楼也是这样的布局，只是摆得更满，地下室还有满满一屋的书架。

尽管我从没跟自己承认过，不过我还是希望能够在办公桌前发现洛克小姐。她那总是有非常好吃的布朗尼（Brownie），还撒着巧克力碎屑。洛克小姐总会跟我说句善意的话，是那种有趣甚至有点顽皮的话，让我感觉我们是站在一边儿的——我们能够理解别人无法理解的事情。

不过今天洛克小姐并不在那儿，于是我就四处逛逛。我造访了最喜欢的几个区域。在诗歌区我停下了脚步，从书架上抽出了罗伯特·弗罗斯特（Robert Frost）的作品集。我来到戏剧区，从书架上拿出威廉·英奇（William Inge）的作品，这样我就可以跳到《黑暗梯顶》（*The Dark at the Top of the Stairs*），再次阅读那段总能让我感到心碎的独白。这是那位后来死于自杀的男孩，回忆起一次他离开军校陪着母亲度过的两天，在这两天里他与母亲共进晚餐、一起跳舞，还去看了演出。

实际上我是个外向的孩子，喜欢有人陪伴。我深深知道泡在图书馆里，从书架上抽出跟作业无关的、只是自己喜欢的书，会让我看起来离群索居又自命不凡，而这会让我的同学感到疑惑，因此这件事我没有跟任何人提起。

忽然，我注意到图书馆的小推车。洛克小姐总是推着小推车把书放回书架上。小推车上装着孩子们还回来的书，还有被孩子们拿下来又不再理睬、等着人来关爱照顾的书。

那时，小推车上只有一本书：《少即全部》（*The Little That Is All*），作者约翰·查尔迪（John Ciardi）。我拿起这本书读了封底，由此得知这位诗人“在过去的三十多年里发表了十部诗集”，翻译了但丁的整部《神曲》，还出了系列专栏“说话的礼仪”，里面有大量儿童诗。查尔迪成名于二十世纪六十年代末和七十年代初，那还是诗人依然有名气的年代。

我随意读了几页，接着又检查了一番。这根本不是儿童诗。

有一首诗是关于给自己洗脚的，里面有这么一句：**“洗着我自己的双脚，我想到了永生的脚指甲。”**我立即爱上了这首诗。

还有一首诗名字叫作“东六十七街”，是关于诗人弗兰克·奥哈拉的死的，其中有一段表达直击我心：“不去忍受痛苦让我无法忍受，不过这是因为我们之所以是我们，而且我们身上有些东西会让人感到受伤。”

我最喜欢《为本高中毕业而写的书》（*A Poem for Benn's Graduation from High School*）。这首诗的最后一节这样写道：“……最后，并不需要多说什么。现在我们依然有时间去想象我们说出了‘不管那么多了，我爱你’，然后听到自己把这句话说出来，接着我们被这个想法和随之而来的可能性吓到了。”

我记下了尽可能多的诗句。

在下一周还书的时候，我再次错过了洛克小姐和她著名的布朗尼。不过我再次发现了小推车上的一本书。

我希望自己能够回想起那本书的名字，不过我已经记不起来了。我能记得的是下一次我去图书馆的时候终于碰到了洛克小姐。那次交谈比我们往常的谈话时间都要长，而且从那次起，我开始告诉她自己在读哪些书，通常是小推车上的书。但是她从没有承认特意为我在小推车上留下书籍。我们交谈时，她会推荐书给我。不过这些书没有什么不妥之处，她建议很多孩子去读，同时也是我这年纪的大多数学生可能喜欢的书。但是我在小推车上发现的书却与之不同。我相信，这些书是面对我直接讲述的。其中的一些通常不会推荐给在二十世纪七十年代就读于寄宿学校的年轻男子。伊夫林·沃（Evelyn Waugh），伊夫林（Evelyn）的哥哥的作品《青春织机》（*The Loom of Youth*）就是其中之一。作品描述了英国公立学校的一次同性恋丑闻，主人公的名字就叫 Evelyn。这些书中还有诗集，都是很容易找到但是却不是像弗罗斯特（Frost）、卡明斯（E. E. Cummings）那种每个人都在读的诗，而是查尔迪（Ciardi）、玛丽安·摩尔（Marianne Moore）以及希尔达·杜利特尔（H.D.）的作品。有一次，竟然是被二十世纪七十年代的解放女性奉为改变人生的《圣经》的《我们的身体，我们自己》（*Our Bodies, Ourselves*）。现在回想起来，可能那不是专门留给我的。

这些书成了我正式课程之外的功课，并没有一条明确的线索贯穿其中，并没有按照流派和历史时期的顺序出现。但是我相信所有的书（*Our Bodies, Ourselves* 除外）都是只为我一个人挑选的。

当然，洛克小姐那时一定已经发现我是同性恋，而我也刚刚在不久前才向自己完全承认这一点。除了同性恋男孩，没有人会痴迷地反复阅读 *The Dark at the Top of the Stairs* 和 William Inge 的剧作中的独白，甚至没有人会阅读那个题材的任何戏剧。尤其是在二十世纪七十年代的圣公会寄宿学校。除了同性恋男孩，没有人会尝试阅读沃尔特·佩特（Walter Pater）的作品《享乐主义者马利乌斯》（*Marius the Epicurean*）。这本书单调乏味，很难想象现如今还会有人能读完。我之所以知道这本书也是因为我那时开始阅读关于奥斯卡·王尔德（Oscar Wilde）的所有作品，包括维维安·霍兰（Vyvyan Holland）写的《奥斯卡·王尔德之子》（*Son of Oscar Wilde*）。维维安是奥斯卡两个儿子中的弟弟，在父亲被捕后逃到了欧洲大陆。《享乐主义者马里乌斯》（又译《伊壁鸠鲁信徒马利乌斯》）是王尔德深深喜爱的一部作品，它的作者是一位对其有深远影响的教授。因此我也读了这本书。

但是，不得不再次强调，当时是二十世纪七十年代，因此我没有跟任何人谈论过王尔德，也没有和任何人说过我是同性恋。洛克小姐也没有提到过，她只是把书留给我。

最后，她把戈尔·维达尔（Gore Vidal）的同性恋小说《城市与支柱》（*The City and the Pillar*）和詹姆斯·鲍德温（James Baldwin）的小说《乔凡尼的房间》留给了我。《乔凡尼的房间》写于1956年，描述了两个男人之间的爱情。他们一个是美国人，一个是意大利人。小说以名为大卫的美国人为第一人称进行讲述。在乔凡尼因谋杀被处以死刑的前夜，大卫以闪回的方式讲述了这个关于爱、背叛和嫉妒的故事。书名中的房间是乔凡尼在巴黎拥有的一个仅有一间房间的公寓，在那儿他和大卫曾经幸福地生活过。

看这本书时我为乔凡尼和大卫失声痛哭。我是个戏剧化的人。也许这就是我的本性，也许这也和那些在学校图书馆度过的阅读威廉·英奇和奥斯卡·王尔德的作品，以及田纳西·威廉斯的戏剧的下午有关。但是即便在我沉醉于书中的情节时，我仍意识到除了都是同性恋，我的生活与书中的人物或书的作者都没有相似之处。

不过，同为同性恋的身份依然对我有特殊的意义。那时作为同性恋要承担很大的风险。就是在那一年，哈维·米尔克，美国第一位经选举任职政府官员是公开身份的同性恋者，与旧金山市长一同被射杀了。杀手被判入狱七年。而在律师辩护说他因为吃了太多夹馅面包导致精神问题后，他实际上只服刑了五年。在那之前的一年，安妮塔·布莱恩特发起了针对同性恋人士的全国性的仇视运动，得到了全国数百万人的热情支持。电视节目和主流电影中没有同性恋角色，即便有也是以自杀或杀害别人为结局。任何形式的歧视都是合法的、全国性的，而且看不到短期内改变的希望。同性恋者、变性者被公开辱骂，时刻受到暴力威胁。（当然，很多合法的歧视在今天仍然存在，美国对于同性恋者、变性者来说依然是个危险的地方，尤其是有色人种的变性女性。）

就我所知，我所在的学校里无论是学生会还是教职员工中从来没有公开身份的同性恋者。我相信如果有人发现我是同性恋，我将不得不离开我心爱的学校。

要说洛克小姐留给我的那些书拯救了我的生活确实有些夸张。不过那些书帮助我越来越清晰地描绘出生活的远景，在恐惧氛围中让我看到了希望。

鲍德温通过来自美国的大卫诉说道：

乔凡尼唤醒了我身体里的痒痒肉，还咬了我一口。这是在一个下午，是我带着他沿着蒙帕尔纳斯（Montparnasse）大道去上班的路上意识到的。我们买了一千克樱桃，边走边吃。那个下午，我们两个都兴致高昂，傻傻地充满了孩子气。两个成年男子把樱桃核当成纸团那样朝对方脸上扔，在人行道上互相推搡躲避。这情形在别人眼里一定十分离谱。我意识到在我这个年纪仍能像孩子一样是多么奇妙的事情，而随之而来的幸福感更让人开心。那一刻，我真的爱着乔凡尼，那个下午的他比任何时候看起来都更动人。

鲍德温在这段描写中承诺的生活是非比寻常的。我不必想象在哪里可以过上这样的生活，鲍德温已经替我想象了出来。尽管这之后的语言和场景近乎残忍，但是依然没有磨损掉这承诺的神奇之处。

读完《乔凡尼的房间》不久，我发现了鲍德温的一段话：

你认为自己经历的痛苦和心碎在人类历史上都是绝无仅有的，然后你阅读书籍。正是从书籍中，我学到了正是那些让我深受折磨的事情将我与现在和过往的人连接在一起。

后来，我继续阅读鲍德温的作品，包括《下一次将是烈火》（*The Fire Next Time*），其中一篇散文是由这位当时 39 岁的非裔美国作家写给他 14 岁外甥的信，讲述了美国社会和美国历史上的种族歧视。后来再次阅读这本书，我感到恐惧悲伤、沾沾自喜又觉得和作者串通一气。现在我依然是这样的感受。作为成年人再读《乔凡尼的房间》帮助我能更全面地看待这部作品——对于男子气概多方式呈现的探索和对谎言、羞愧及悲伤的反省。

洛克小姐将詹姆斯·鲍德温介绍给我，詹姆斯·鲍德温让我拥有了看待自己和世界的不同视角。时至今日，依然如此。

毕业后，当我在校庆的周末回到学校时，我会去图书馆和洛克小姐打招呼。有人说洛克小姐是个传奇，她能记住每一个学生。这很难验证，不过我还从没有见过哪个学生否认过。

年复一年，洛克小姐的头发从棕色变成了灰白色，不过发卷依旧整洁。她还穿着以前经常穿的毛衣套装，钟情于柔和的色调。她说话轻柔，带着点轻微的新罕布什尔口音，元音发得很到位。而且，她总是带着几块煎锅烤的布朗尼。孩子们依然为了这些好吃的来到图书馆，这也就给了洛克小姐机会继续把书放在他们经过的地方，如若不然，他们可能不会选这些书。

在那几次拜访时，我们会一起谈谈学校、新来的和退休的教职员工，而且我们总是谈论正在看的书。不过，这些谈话都很短，因为周末总是很繁忙，总是有其他校友等着见一见洛克小姐。

我希望自己向她表示过感谢。但是我觉得我永远无法用语言表达对她的感激之情。

2012 年洛克小姐以 81 岁的年龄死于肌萎缩侧索硬化，与卢伽雷氏症（Lou Gehrig）的病症相同。

从她的讣告中我了解到洛克小姐从1963年开始在学校担任图书馆助理。她于1995年退休，那时我已经从学校毕业15年了。她的侄女和侄子，还有他们的孩子都非常可爱。我认识他们其中的很多人，因为她谈论起他们来总是很自豪。她接触过上千名学生，给他们每个人都留下过鼓励的话语、温暖的拥抱，当然还有书籍，有的是直接递到学生手中、有的是推荐给学生，还有的是放在了小推车里。

《大卫·科波菲尔》

怀念

狄更斯（Dickens）对于《大卫·科波菲尔》有一段著名的表述:“在我所有的作品中,我最喜欢这一部。”原因显而易见:主人公童年在工厂做工和饥寒交迫的残酷经历就是狄更斯童年的写照。不仅如此，作者在他挚爱的姐姐受尽病痛折磨终于死去后开始写作，这段经历也为小说中的关键场景提供了创作灵感：科波菲尔挚爱的朵拉长期患病、因病而死。（一读到这个场景我就禁不住落泪，再没有其他原因能让我这么快就泪眼滂沱。）

第一次阅读《大卫·科波菲尔》时，我才十几岁，在康涅狄格州韦斯特波特与奶奶一起度过夏天。我很喜欢奶奶，不过她并不是个随和的人，而且她白天大部分时间都躺在“拉兹男孩”休闲椅上，喝着白葡萄酒看高尔夫比赛。于是，我就坐在户外阅读。刚看到书的开头几句，我就被深深吸引了。“我是否能成为我自己生活中的英雄，还是会有别人来扮演这个角色，这本书会告诉你。”我和奶奶在一起单独待了几个星期。阅读这部神奇的书时，我和大卫、艾米丽（也叫小爱丽）还有朵拉成了朋友。

当然还有斯提弗斯，这个年长一些且极富魅力的上学的男孩，把小大卫当成小兄弟。狄更斯将他描述为“英俊的男孩”，大卫·科波菲尔完全被他迷倒了。我也一样。斯提弗斯第一次出现的章节以大卫注视着熟睡的他结束。斯提弗斯给大卫的人生和运气都带来了转折。尽管后来他有点无赖（尤其是对艾米丽的态度），不过如果没有他就不会有大卫·科波菲尔——他拯救了大卫。因此当我回忆起这本书时，几乎想不起来斯提弗斯的卑鄙和背叛。相反，我能记起他收留了大卫，当大卫最需要他时两个人之间的心灵交互。我原谅了他，就像大卫原谅他一样。

在那个很久以前的夏天，当我合上书时哭得比读到朵拉去世还伤心——因为我已经开始想念书中的人物了。

当我写关于我母亲和她离世的书时，有些朋友问我是否希望以此来做个“了结”。我知道自己并不想要结束，而是想继续我们的对话。一个人离开世间并不意味着他们离开了你的生活。我清楚地记得那个读完《大卫·科波菲尔》的炎热夏日。

但是我与大卫、艾米丽、斯提弗斯和朵拉的交流并没有结束——而是刚刚开始。我与他们对话并与他们共存，就像我现在依然与母亲对话那样。

对于《大卫·科波菲尔》中的人物，我并没有像想象中的那么怀念他们——因为我从不需要和他们说再见。这些角色不会离开我，我也不会离开他们。《大卫·科波菲尔》直到今天还陪伴着我：大卫·科波菲尔这个角色，以及他折射到生活中的那些我所认识的大卫。

大卫们在我的生活中发挥着不可思议的作用。诚然，大约五十年前大卫是个很流行的名字，可以排在第二位。我小学所在的班级里有四个大卫。我是唯一的威尔（Will）。直到现在我也不愿意用人口学或是偶然事件来解释这一现象。

我交到的第一个最好的朋友名字就叫大卫。我们在幼儿园认识，上学的时候形影不离，连续好几年的周六都轮流去对方家里过夜，一起去夏令营，并且一直保持密切联系。他和他的妻子邀请我做他们其中一个孩子的教父，并以我的名字给另一个孩子取名。尽管我们分别住在美国东、西海岸，但是每当有重要的事情发生，我都会在第一时间通知他们。

我写了一本书，收录了与一位名叫大卫的朋友的往来邮件。

我丈夫也叫大卫。

还有大卫·拜耳。我是在1980年9月刚上大学后不久和他相识的。我们住在相邻的套房。虽然我也很喜欢我的室友，但是却没能和他们建立深厚的感情。至少在我看来，我和他们不太协调。大卫也遇到了类似的情况。于是我们发现了彼此。

现在，通过不停地拍照片、更新博客，让我们能够在多年之后通过这些记录找到第一次遇到生命中最重要的人，那些改变了我们生活的人的时刻。在我以前的那几代人都更擅长写日记，正因如此，过去的几百年里人们将自己的印象通过打印机记录下来。不过我的记忆已经模糊了。我并不能确定遇见大卫·拜耳的那一天。

不过我还清楚地记得，开学后的一天，校长向新生讲话时提到我们当中有一名学生只有十六岁。因此，当我第一次见到大卫时，我确信他就是那个十六岁的学生。他比我矮几英寸（几厘米），那么他肯定不够五英尺五英寸（1.65 米）。他身材纤细结实，有着橄榄色的肌肤和杂乱的黑头发，他的下巴棱角分明，思考的时候撇向一边。我不知道当时是否直接问过他，不过后来我发现他其实和我同龄。我一直也没有发现那个十六岁就上大学的人是谁。

最开始我们彼此很友好，接着我们做了朋友，后来做了最好的朋友，最后还做了室友［和来自新泽西州拉姆森的天生好脾气的鼓手住在一套公寓里。我们管那个鼓手叫梆梆，既因为他敲鼓，也因为他高昂的热情让我们想起了《摩登原始人》（*The*

Flintstones）里派博（Pebble）的老伙计］。大卫看上去像极了来自东海岸的人：皮肤黝黑、信仰犹太教、有点愤世嫉俗还很热情。但是他其实来自洛杉矶，一个在圣莫妮卡北部的叫作乡村峡谷（Rustic Canyon）的地方，对，就是这个地名。

不久之后我见到了大卫的父母。他的妈妈是一位学校校长，父亲是一位在兰德公司工作的物理学家。最后我见到了他的双胞胎兄弟。在我看来，他们只是长得有点相像，而其他人却分辨不出他们。在他们众多的差异之中，有一项对于那个年纪的我们尤为重要：大卫是同性恋而他的兄弟不是。

大卫和我喜欢的东西简直一模一样，不过我们喜欢的理由却不尽相同。正因如此，我们一旦聊起来就没有止境。我们一致认为辛迪·劳帕（Cyndi Lauper）会比麦当娜更出色、更经久不衰。大卫认为劳帕的嗓音让人难以忘怀，而我认为她的歌词更有内涵。我们都喜欢当地一家叫那不勒斯的比萨店，但是大卫喜欢肉桂烤面包，而我总是点面包片。我们都喜欢弗朗西斯·福特·科波拉（Francis Ford Coppola）改编自阿尔贝·加缪的《局外人》的同名电影 *The Outsiders*，大卫喜欢帕特里克·斯威兹（Patrick Swayze），我则喜欢马特·狄龙（Matt Dillon）。

我们对书籍的态度也是如此。我们都为克里斯托弗·伊舍伍德（Christopher Isherwood）的作品疯狂。但是大卫最喜欢的是小说《单身男子》(*A Single Man*)，而我则为他的回忆录《克里斯托弗和他的同类》(*Christopher and His Kind*)着迷。大卫·拜耳也喜欢《大卫·科波菲尔》，和我一样，他喜欢这本书的初始原因是斯提弗斯和年轻的主人公之间的友谊。不过他认为朵拉之死被过度描写，而我却一直为这个场景心如刀割。正如我说的，他有着愤世嫉俗的一面。要去接受一个用批判的眼光看待世界的人对任何人都并非易事。大卫并不像我那样爱着朵拉。他认为她愚蠢得不可救药，而且她对她丈夫的爱有点让人厌烦。不过我们对待艾米丽的态度十分一致，我们都毫无保留地疯狂地爱她。

毕业之后，我搬到了香港。（我一时兴起，申请了去那里学习和教课的奖学金，不过没有成功。我的兴致更高了，决定自费去那里并成为一名记者。我做了几个月的临时秘书，攒够了买单程票的钱。）大卫·拜耳去了纽约找他的男朋友，并为一名建筑师工作，他攒钱想要去建筑学校，拯救所爱的城市。那时还没有互联网，我们通信并给对方寄明信片。不过大卫在纽约经历的事情太多了，长信都无法把它们说清楚。从二十世纪五十年代起，他开始用油布的边角在一些区域拼凑“小地毯”。随着这些作品越来越多，它们出现在了报纸的报道上。大卫开始和纽约下东区的作家和画家交往，像涂鸦艺术家那样为城市带来了艺术景观。他答应要来看我，不过要等他攒些钱、等他生活节奏慢一些、等他的申请完成之后。大二结束后的暑假，还有我中途回家更新六个月的香港工作签证时，都和大卫一起快活地旅行。我们承诺彼此，以后找机会还要一起旅行，就选在便宜些的亚洲。

1986 年的一天，我身在香港，起床时觉得精神百倍。那是个星期六。我外出完成采访任务，然后回到公寓，想要写点东西。我还记得那最神奇的一刻：前一秒我还感觉不错，实际上，是感觉很好；而下一秒，我就发起了高烧。我感觉自己要呕吐，甚至要晕过去了。我够到体温计，发现自己 104 华氏度（40 摄氏度）。接着我开始冒汗，是那种人们常说的冷汗。我颤抖着，汗水不停从脸上流下来，衣服都湿透了。接着，我就好了，尽管有些虚弱和摇晃。于是我躺下睡着了。几个小时后，我哥哥从纽约打来的电话把我叫醒。电话里，他告诉我，大卫·拜耳在骑车上班的路上撞到了街上的坑洼，自行车失去控制滑向了林肯中心外的一辆巴士，大卫当场丧命。我们一位共同的朋友想要联系我，就找到了我的哥哥。不久之后，我了解到大卫的父亲结束了公差正在飞往纽约的飞机上，在我和哥哥通话后的几个小时后才会降落，那时等待他的是儿子的死讯。

我并不相信心灵感应。但是我发现我无端的高烧和大卫去世的时间吻合。

我从香港飞回纽约参加葬礼。在飞机上我想喝点威士忌。

西北航空要收取四美元，而我只有一张二十元的纸币。空乘人员不想找钱。当我看到他们出租耳机——每个两美元——收了很多零钱，再次要求他破钱时，他还是不肯。那是耳机的钱，他不能用来给饮料找零。就在那一刻，我的愤怒差一点爆发。大卫的死让我感到悲痛欲绝。突然，我是这么想念大卫，这思念让我无法承受。我从不知道也从未经历过如此沉重的悲伤和巨大的愤怒，一旦我忍不住开始表述，就将无法停止。

我从一数到十，一次、两次、三次、四次，直到最终睡着。

葬礼上，我和其他人一样浑浑噩噩。我还有时差感。我发现悲伤和时差其实很像——世界以错误的方式转动，你睡不着，即便筋疲力尽也毫无困意，你晕晕沉沉，好像在生病发烧。前一分钟浑身发热，接着马上又觉得冷。最重要的是你觉得很奇怪，没有根基，无家可归。需要有点信心相信这感觉总会过去，恢复原样。人能够很快适应时差，却不能适应悲痛。时差很快就会消失，而悲痛就算能够减轻，在减轻前总要不断加剧。

当大卫·科波菲尔失去了妻子朵拉时，他想到：

这不是我去探究巨大悲痛之下我的精神状态的时候。我逐渐认识到未来没有什么出路，我生命的力量和行动就到此为止了。只有死亡能够为我带来庇护。刚刚遭受痛苦的打击时我并没有认识到这一点，是后来慢慢发现的。

当我失去大卫·拜耳时，一开始我不能相信他真的离开了人世。我一直期望他能再次出现，就像狄更斯小说中的人物那样，在后面的章节里出现。不过随着时间流逝，我终于适应了没有他的世界。这个世界因他的离去而改变，再也不能变回原来的模样。

还有一段时间我十分自责。大卫一直想来香港看我。我为什么不坚持邀请他呢？如果他来了香港，那天他就不会在纽约骑自行车，他可能还活着。我知道这样想不够理性，但是责备自己要比接受飞来横祸容易得多。

在五年时间里一个人能够给人留下什么印象？我知道这个问题的答案，想到这我既感到幸福又感到悲伤。难以忘怀。深不见底。我不能说每天都会想起大卫·拜耳，但是我确实在很多时候都想到他。那些日子通常都是快乐的。想起他的几天后，我意识到自己想到他时并没有明显的失去感。

我喜欢谈论大卫——和我们的朋友，和他的男朋友——我喜欢跟别人谈起大卫。通常这让我高兴，但有时我也会非常想念他。

有人曾经告诉我当他极度想念已逝之人时，他就在脑海里编个小故事。比如，他会想象死去的朋友其实是在阿拉斯加的三文鱼罐头厂工作，那里很远，不通电话、没有网络。当我十分想念大卫时，我会想象他在罐头厂、小船上或者是热带岛屿上。不久之后他就会回来，我就能见到他了。

葬礼结束后，大卫的父母想让我收藏一些他的遗物。他们送给我大卫的画作，还有一篇论文的复印件。论文是关于约翰·拉斯金（John Ruskin），一位十九世纪英国艺术家和评论家的，试图解释拉斯金对于自然的看法是如何改变了我们看待自然的方式。论文的分析将文学、艺术、建筑囊括其中。

在我的书架上摆放着约翰·拉斯金（John Ruskin）系列作品和《大卫·科波菲尔》。每当我很久没有想起美丽而充满活力，像朵拉一样英年早逝的朋友时，我就会翻阅这些书。

去年，我遇到了在收容所的一位员工。他告诉我他喜欢这份需要与将死之人和他们的家庭打交道的工作，而且他时常从文学作品中发现智慧，既为己用，也与人分享。他给我看了他随身携带的笔记本，里面记满了他看到的语句。我翻阅着，发现了一句约翰·拉斯金的话：**“我不开心时，听歌剧好像是狂风呼号；开心时麻雀叽叽喳喳的叫声都很悦耳。并不是麻雀的叫声让我开心起来，而是因为我的心情让它变得动听。”**

当我想起大卫·拜耳时，我要选择怀念他让我开心还是悲伤，是记住他的生命还是死亡？我努力选择开心，努力选择生命。

《奇迹》

选择善良

由R.J.帕拉西奥[1]（R. J. Palacio）创作的《奇迹》（*Wonder*）讲的是一个即将上五年级的小男孩的故事，这本书促使我想成为一个更好的人。接下来我就讲一讲这个事，但首先我得唠叨一下自己的体重。

每年一月，我都会买一堆减肥书，买回来马上就读，并坚信今年肯定能最终把体重减下来。

在一段时间之内，我会坚持得不错，只吃去皮去骨的鸡胸肉还有喝水。但在这之后，甜甜圈和啤酒就又回来了，体重也随着这些食物回归了。我会督促自己一阵子，但还是会重蹈覆辙，只能发誓明年会做得更好。不是明天，也不是下个月，而是明年。

---

① R. J. Palacio，美国女作家、设计师、艺术指导。

既然我的新年愿望已经没了实现的希望，我可以再等上十一个月再认真考虑这件事。

当然，有些减肥书籍本身写得就不怎么样。那些提倡吃西柚减肥的书根本没有实现的可能，不管我多么虔诚地遵守书中的指导：人不可能光靠吃西柚（以及一些允许的蛋白质）过活。但有些书很不错——说实话是很好——建议合理、逻辑清晰、安排得当。如果我遵照这些建议执行，我肯定能发生改变，而且效果还会不错。那么，为什么我发现自己遵从靠谱的建议这么难呢?

我读过的一些其他书籍，比如查尔斯·杜希格[①]（Charles Duhigg）的《习惯的力量》（*The Power of Habit*），解释了为什么我总是难以改变习惯，并告诉我如何做才有可能成功。杜希格（Duhigg）列举了一些研究证明，人要想改变一个坏习惯(比如饭后大吃巧克力，花太多钱买那些几乎不怎么看的杂志，在互联网上浪费时间），或是培养一个好习惯（比如去健身房做有氧运动），需要发现其中的线索，并建立起一套奖励机制。而我一直以来是从没有给自己留太多时间或是给自己设立什么奖励的。

我们购买并阅读那些关于自身提升的书籍是因为我们相信

① Charles Duhigg，美国记者、作家。

自己能够改变——我们能够变得更苗条、更健康、更富有，成为更好的自己。这些书可以帮我们描绘出我们想变成的样子，而这可不是个小事情。改变习惯是非常难的一项大工程。我想，如果任何一本书能够无须艰苦的努力和付出，就能像变魔法一样产生神奇的效果，那么也就意味着这类书走到了尽头。如果有哪本减肥书能保证所有人都能成功减肥，也就不用再出版其他的减肥书籍了。

让事情变得更复杂的是，我们大多数人读书是为了获得指导外加逃避现实。当我们流连于书店的自我提升、经济、心理学以及减肥区时，我们一般会告诉自己说，我们只是对某种指导感兴趣。然而实际情况真是这样吗？也许只是翻一翻某本宣传西柚减肥法的书（看着那些漂亮的西柚图片），就会让我们感觉到会瘦一些—— 哪怕只是坐地铁回家的路上那一小会儿。以这种观点看，我每年像上供一样地买减肥书真的有那么值得后悔吗？这个习惯的唯一问题在于，我并没有彻底地检视自己的动机；我把逃避现实错当作自身改变的愿望了。

同时，我们中会有一些人去小说区寻找激励自己进步的动力。我读小说的一部分原因是它们描绘出了我想成为的人的样子。比如说，在一部标准的刑侦小说中，我更希望成为侦探而非杀手。而在人物关系更复杂的作品里，我可能会把自己的行为同时与一堆不同的角色相比较，或是被某个角色的某方面特点所吸引，但同时也对另一个留心。在重读简·奥斯丁[①]（Jane Austen）的《傲慢与偏见》（*Pride and Prejudice*）时，我希望自己具有伊丽莎白·班内特[②]（Elizabeth Bennet）的强大和责任感，但又希望自己不要像她在小说中大部分时间里那样，对身边发生的事情太快地下结论。

但我想小说的大部分作用是潜移默化的，会在不知不觉中改变我们。有研究显示，读小说会使我们变得更加有代入感。我更愿意相信，即使就我自身而言，我并没有始终朝某个方向去努力，但现在的我还是会比初次与利兹·班内特[③]（Lizzy Bennet）相识时少了些傲慢，也没那么怀有偏见，尽管此时我身上相当程度的傲慢与偏见仍不可避免。

有句谚语说：在你穿着她的鞋走完一英里（约 1.6 千米）之前，你不能评价一个人。小说当然是实现这一目标的绝好方式。否则，你怎么可能身处十八世纪的法国革命前线，或是在飞往约翰·肯尼迪国际机场（JFK）回家的途中被困在一个太平洋小岛上？在读维克多·雨果[④]（Victor Hugo）的《悲惨世界》

---

① Jane Austen（1775—1817），19 世纪英国小说家，世界文学史上最具影响力的女性文学家之一，其最著名的作品是《傲慢与偏见》和《理智与情感》。

② Elizabeth Bennet，《傲慢与偏见》一书中的女主角。

③ Lizzy Bennet，即 Elizabeth Bennet 的昵称。

④ Victor Hugo，法国作家，代表作有长篇小说《巴黎圣母院》《悲惨世界》《海上劳工》等。

(*Les Misérables*)时，我陪着冉·阿让[①](Jean Valjean)把鞋子磨破了不少，就为了从沙威[②](Javert)的手中逃脱。在阅读威廉·戈尔丁[③](William Golding)1954 年的小说《蝇王》(*Lord of the Flies*)时，我也在奔跑，这次是陪着英勇的拉尔夫[④]在森林的熊熊大火中奔跑逃生，避开对手杰克(Jack)和其他男孩子们。

并且，如果说减肥书籍会让我满怀着对于自我改变能力的不切实际的希望的话，那么我发现小说所起到的作用正好相反。我总是怀疑，在革命的混乱局面之中，我是会像冉·阿让那样呢，还是像无情的沙威那样去做。如果在被困的情况下，我是会站在拉尔夫和他的一小拨同伴一边呢，还是会追随杰克和他穷凶极恶的党羽。

阅读能向你发出挑战，让你弄明白自己想要成为什么样的人。我打算称之为“奇迹”[⑤]的挑战，这么叫既源于我提到的那本书，也指对于这种问题的思考状态。

如果需要将书分类的话，你可能会把《奇迹》看作是一本中级读物。它的出版发行面向的是已经能够读简单章节图书，

---

① Jean Valjean，《悲惨世界》里的主人公。

② Javert，《悲惨世界》里的人物角色，冉·阿让的追捕者。

③ William Golding，英国小说家，著有长篇小说《蝇王》。

④ Ralph，《蝇王》中的主角。

⑤ 英文 wonder(奇迹)也有“思考”之意。

但尚不能接受成年人的黑暗主题的四年级至六年级的学生。这本书由笔名为 R.J. 帕拉西奥（R.J. Palacio）的一位成功的出版商和艺术指导所创作，故事的讲述从多个视角，以多名人物铺开。故事的主角，也是第一讲述人，是一个名叫奥古斯都的小男孩，这个孩子面部有畸形，多年以来一直在家里接受教育。终于有一天奥吉十岁了，即将第一次踏入校门。

我当初拿起这本书，是想看看它是否值得推荐给我的侄子侄女们。可是一读起来，我就停不下来了。我非常希望奥吉能融入学校，找到朋友，幸福快乐——这样就能有一个除了家之外的，人们看到他的外表不会显得惊恐的地方。

一开始，对于奥吉来说，一切都比我预期的还要好。但很快，他就遇到了真正的残酷，而且更糟糕的是，还有背叛。这本书采用多人叙事的方式，带来了一种双重的体验：既可以让我们看到人们为何如此表现的动因，也为我们内心的恐惧和焦虑提供了发声的机会。这本书帮助我们思考在我们面对相同处境，而又以不同的角度去思考时，可能会有怎样的行为方式。作者甚至还在《奇迹》之后又写了一本书，增加了欺负奥吉的那个同学的视角，也就是那个称他为怪物，告诉其他小伙伴如果碰到奥吉就会感染瘟疫的孩子。

书中大部分的智慧来自奥吉的老师布朗尼先生。他有一个习惯，与班上的学生分享格言，帮助大家学习如何处理生活中的挑战和困境。然而学年中最重要的一课，是校长塔什曼先生在中学开学演说中带来的。他对学生们的教导很简单，但又非常艰巨：选择善良。我很惊讶但又高兴地发现，他在向五年级和六年级的学生们解释善良时，提到了几本书。首先，他提到了一本 J.M. 巴里[1]（J.M.Barrie）的书［（他告诉学生们不是《彼得·潘》（*Peter Pan*），而是一本名为《白色小鸟》（*The Little White Bird*）的书］。他读到一句话“我们要不要制定一套新的生活规则……总是尽量释放出比该有的更多一些的善良？”校长解释说：“这句话多棒啊，不是吗？比该有的更多的善良。因为仅仅善良是不够的，人们应该比需要的善良更善良一些。我之所以喜欢这句话、这个概念，是因为它提醒我，我们作为人类，所拥有的不仅是善良的能力，还有对善良的选择。”

塔什曼先生接下来介绍了另一本书中的一个段落，这本书是克里斯托弗·诺兰（Christopher Nolan）的《时钟的眼睛》（*Under the Eye of the Clock*）。在这本形式新颖的回忆录中，诺兰用生动活泼的散文描述了他童年的故事，以及他作为一名诗人和作家的教育经历。诺兰 1965 年出生于爱尔兰，出生时就患有大脑麻痹，只能控制自己的眼睛和头。在父亲（读爱尔兰

① J. M. Barrie，英国著名小说家、剧作家，其最著名的作品是《彼得·潘》。

名著和世界文学给他听）、母亲（教他字母、经常与他说话）和姐姐的帮助下，他最初通过用眼睛传递信号的方式学习沟通，之后开始用一个绑在额头上像独角兽角一样的尖状物，在一个专门的计算机键盘上，一个字母一个字母地敲。诺兰告诉我们，借助这套装置，他从十一岁开始 “在自己人生的白纸上敲打出了文字。他的双手垂在身侧，电脉冲贯穿着他的身体，他只能通过一下又一下的点头，书写下因麻痹而丧失的语言”，而这语言已经在他的身体里被束缚了整个童年。诺兰后来创作了很多优秀又备受欢迎的诗歌、故事、戏剧以及一部小说，并且从都柏林的三一学院毕业。2009 年，诺兰去世，享年 43 岁。

诺兰的回忆录在 1987 年，他二十二岁时出版。他在回忆录中用第三人称讲述，并称自己为约瑟夫。

下面就是塔什曼先生对五年级和六年级的学生说的话：

“……那么，我们开始吧。在克里斯托弗·诺兰所著的《时钟的眼睛》一书中，主角是一个面临着非凡挑战的年轻人。有一部分，讲到的是一个帮助他的人：他班上的一个孩子。表面上，这只是一个很小的举动。但是对于这个年轻人，这个叫约瑟夫的年轻人来说，这个举动……嗯，请允许我读给你们听。”

他清了清喉咙，看着书念道：“正是在诸如这样的时刻，约瑟夫在人的身上看到了上帝的脸。上帝的光辉在他们对他的善意中闪耀，在他们的真诚中发光，在他们的关爱中示意，真的，他们的目光简直就像上帝在爱抚。”

他停顿了一下，摘掉了阅读时戴的眼镜。

“上帝的光辉在他们对他的善意中闪耀。”他微笑着重复，“这么简单，就是善良。多么的简单。在需要时给予的鼓励的话语，友好的行为。那一抹微笑。”

校长想让学生们懂得的是：“如果在座的每一个人，都给自己定下规矩，即不论身在何地，任何时刻，只要有可能，都要尽力释放出比必须的多一些的善良—— 世界真的会变得更好。如果你这样做，如果比必须的多给哪怕一点点善良，那么也许会有人，在某个地方，某一天，在你身上，看到上帝的脸。”

塔什曼先生又用心地补充说，他的听众就可以扮演“上帝”，用“任何政治上正确的，能够代表你所相信的普世之善的心灵之光”，这让他赢得了会意的微笑、开怀大笑和满堂掌声。

当我们看到这本书接近尾声的部分时，我们已经见识了可怕的恶意。但是，我们也在奥吉、在支持他的朋友、在他的家人以及学校的一些老师身上，看到了上帝（或者不管我们称之为什么）的脸。

要选择善良。每当我们的选项里有善良的时候——而我们几乎每天每分钟都在面对着这样的选择 —— 这也是这本书会让我们记住的。

当然，没有任何一本书可以重塑人类的天性，布满了瑕疵的天性，就像没有一本书会像变魔法似的让体重从我们身上消失一样。即使是像《生活的艺术》[①]（*The Importance of Living*）这样的书，要按照书中的建议，做比当下的我们更懒、更安逸享乐的自己，实现起来也并不容易。想尝试更多一点地放松和享受生活，也需要自律。

然而，想象力和行动联合起来可以是一股强大的力量。事实上，关于《奇迹》的一件美妙的事情，就是它源自于作者对自己变得更加善良的挑战。作者在接受美国国家公共广播电台（National Public Radio）米歇尔·诺里斯（Michele Norris）的采访时，就解释了《奇迹》的起源：她和自己的孩子们来到了一家冰淇淋店。当他们中的一个看到一个在左边吃冰淇淋的小女孩面部畸形的脸时，吓得哭了出来，跟着三个孩子都哭了起来。帕拉西奥（Palacio）感到非常无地自容，拽着孩子们冲出了店门。后来，她很生气自己当时没有更好地处理这件事情："我本来应该做的其实很简单，只要转向小女孩，开始和她谈话，让我的孩子们知道，没什么可怕的，"她告诉诺里斯，"这让我思考了很多……如果你必须要每天面对的世界，它并不知道该怎样面对你，那么这将是一个怎样的世界啊。"

---

① The Importance of Living，林语堂著，原书为英文。

《奇迹》的大受欢迎是以一种最神奇的方式传播开来的：口口相传。读者、书商和图书馆工作人员都开始给别人推荐这本书。学校开始把它引入到课程中，这本书也成了全社区的人会一起阅读的书籍。换句话说，它如此强烈地展望了一种可能性，让人们开始自我反省，把它运用在生活和社会关系中。今天，它正在成为有史以来最受欢迎的儿童读物之一。

所以，《奇迹》的挑战，在阅读这本书过后，事实上就是思考我们是否正在选择善良，并试图挑战自己能够活得更有善意。

因为，很明显地，人们可以去读这本书，自称喜欢这本书，然后毅然决然地把善良抛在脑后。同时，我希望如果我们倾向于善良，像《奇迹》这样的一本书会提醒我们这种倾向。如果我们没有这种倾向，那么也许它会推着我们朝这个方向挪动一点点。当然，正如这本书已经证明的那样，它可以启动一种对话，帮助我们为儿童创造更安全的社区，并鼓励我们相互保持一个更高的标准。小说并不是为了把我们变得更好而存在的；但我相信它几乎总是能做到这样。小说让我们敞开了心扉。

至于我每年都如逢场作戏的减肥书籍和减肥任务，最终我的确还是成功减掉了十多年来一直在努力减去的体重，而且两年多来，到我写这本书的时候，这些肉基本都没有反弹回来。做到这些要付出很多，不仅仅是阅读一本书那么简单；我必须培养新的习惯，给自己触摸得到的奖励，正如查尔斯·杜希格早就预料到我会做的那样。我不得不更加认真地对待健身房。我不得不学习如何吃得更好（而且更少），并记得走更多的路。而且，我每天都要考虑这些事。

我也仍然在努力让自己更善良，而它不像体重和体脂一样容易测量。但我愿意认为每年我的善良都会变得更多一点，并且会一直保持下去。而当我的表现不尽如人意的时候，我常常会想到奥吉。

《横向思维》

解决问题

由爱德华·德·波诺[①]（Edward de Bono）创作的《横向思维入门》（*Lateral Thinking: An Introduction*）出版于1967年，那时个人计算机革命还未开始，然而这本书却实现了一种比任何计算机都强大的功能：它帮你在问题完全错误时获得正确的解决方法。而世界上没有计算机是能够在输入错误的情况下，还提供正确输出的。

我用过的第一台个人电脑叫Kaypro II。这是一种很有意思的机器：它的一面可以打开，打开后里面是一个键盘，并显露出机器的主体和软盘接口。可以插进两张软盘，这样它就能执行一种称为“交换”的动作：输入一些字符，机器就“交换”

① Edward de Bono，法国籍医生、心理学家、作家、咨询顾问，横向思维理论创始人。

一些字符，再输入一些，机器也就再“交换”一些，不过这中间必须等一会儿。有一个绿色的小屏幕一闪一闪，让你感觉自己像是身处在冷战时期的潜水艇里监视着某台古怪设备。

不过在八十年代，这台机器还是非常令人惊艳的。它可以保存你写进去的内容，而且你还可以编辑修改。然后，等到你最终满意了的时候，你把它连上点阵打印机，奇迹就会出现：你精心撰写修改的所有内容，都会一行行地被复制出来。

然而，烦恼很快就降临了。有时候你刚输入一点文字，它就开始没完没了地交换，此时你完全无能为力，只能傻看着它在那执行神秘操作。你只能等，除此之外，别无他法。

通常来说，这家伙不会停下来，于是你就处于这样的窘境：要么坐在那看着它无休止地交换，祈祷能够一朝停止；要么重启机器。如果选择重启的话就得关闭电源：关机、再打开，或者把插销从墙上拔下来，等上一会儿，再插上。然而重启这玩意简直就是赌运气：重启过程中，交换的动作肯定会令你满意地停下来，但之后的结果就难以预料了。运气最好的时候，你上次写的东西原样在那，所有的更改都保留下来了。运气最坏的时候嘛，什么都没了！然而大多数情况你会发现自己处在煎熬之中：重启之后，机器仍在没完没了地“交换”。

我常常将 Kaypro 和我的一个坏习惯联系起来：我很难从某些让我感到焦虑的事情中解脱。有朋友告诉我，对于这种现象有个词——纠结症。我起初以为是她自造的词，结果后来发现真有这么个词来形容这种症状。

我的纠结症天分可谓惊人。一般来说表现在某个由于太晚而难以再进行更改的选择上。而纠结的程度与出现问题的事情无关。到底是应该乘早晨六点的航班还是早晨八点的呢？我会选择早晨六点的，因为到达目的地之后时间比较充裕。但接下来许多天我都会为此而纠结，到达之后会不会太疲劳？那就应该乘八点的航班走。但如果八点的航班延误了呢？那可就把事情都耽误了。然而，万一我要是睡过了，赶不上六点的航班怎么办？

对付自己的这种纠结症，我有个小技巧，就是像Kaypro一样重启，通常需要一片安眠药来搞定。我所希望的是，如果我在纠结当中入睡，醒来后我会知道自己的正确选择是什么，或者接受之前的选择，甚至根本不再去想这事了。一般来说这种方法能够奏效。但是，我也常会变成“煎熬版”的Kaypro——刚一醒来，我马上又会回到那种思想的摇摆中去，这样还是那样？这样还是那样？

《横向思维》（*Lateral Thinking*）这本书经常能够帮我脱离这种困境，我只需告诉自己把这本书再读一遍。

爱德华·德·波诺（Edward de Bono）是一名医学博士、心理学家和作家。他的作品主题多为创造力、语言和逻辑方面。

德·波诺以一个负债商人的故事开篇。这名商人的债主，一个银行家，想娶商人的女儿为妻，但商人的女儿不愿意。于是他提议用一个游戏来决定她的命运。他们来到一个鹅卵石子路上，鹅卵石满地都是，银行家说他会在一个袋子里放进两块鹅卵石，一块黑色一块白色。如果商人的女儿摸到了白色的，那就不用嫁给银行家，她父亲的债务也可以免除；如果摸到黑色的，那就必须得嫁给他。如果拒绝选择的话，她父亲也得进专门给欠债人准备的监狱。

大家都同意这个方案。但细心的女儿发现，银行家在袋子里放的两块石头都是黑色的，而非一黑一白。如果她去摸的话，肯定只会摸到黑色的石头，嫁给银行家。如果她拒绝的话，她父亲也得进监狱。如果她指明这个情况的话，那相当于揭发银行家作假，银行家肯定会取消游戏，直接把她父亲送进监狱，因为人家毕竟有这个权利。

爱德华·德·波诺指出，如果你是一个纵向思维者，那么这些就是所有可能的选择了。

然而横向思维者具有其他的选择。横向思维者并不局限于现成给予的工具，自认别无他法。他们会挑战预测，找到新的办法。

商人的女儿就是一个横向思维者，她从袋子里摸了一块石头，但在所有人还都没看见她摸的是什么颜色之前，就把它掉在了石子路上。真是笨手笨脚的姑娘。然而，大家看到袋子里剩下的那块石子是黑色，马上就断定她摸到的那块是白色的。如果银行家想反驳的话，那么等于承认了自己作弊。于是商人欠的债就这样免除了，商人的女儿也可以选择和喜欢的人结婚了。

另一个例子来自《佛本生经（佛陀前生故事集）》[*The Jataka*（*Stories of the Budda's Former Births*）]中的一则寓言。这个以神圣的佛教语言巴利文所记载的寓言，讲的是一个隐居在森林中的年轻人的故事。年轻人有着金色的皮肤，他照顾着其双目失明的、穷苦的双亲。在他的孩童时代，他与森林中所有的动物都成了好朋友，特别是一只金色的鹿，这只鹿曾帮他找到可以取水的小溪。有一天，一个国王到森林里打猎，正好遇到年轻人和金鹿在一起，他拔箭就射，结果没射到金鹿，却射中了年轻人，而箭上还带有剧毒。几乎昏迷的年轻人请求国王允许他的父母来和他见上最后一面。当他的父母到来并知道年轻人的情况之后，他们绝望地哭泣了起来，认为不会有任何挽回年轻人的可能。突然，天界众生之王因陀罗神[①]（Indra）出现在天空中，许诺满足他们一个愿望，但只能是一个。他给了年轻人的父母三个建议：第一，重见光明；第二，他们的儿

① Indra，印度神话中的天神之王。

子身体恢复健康；第三，一袋金子。这对父母简单商量了一下，提出了他们的愿望："我们要看到健康的孩子手拿一袋金子。"因陀罗神对他们的智慧佩服不已，于是兑现了诺言：他们的儿子恢复了健康，老两口重见光明，并且得到了足够养活全家人生活的财富。

对于佛教徒来说，这是一个关于精辟语言的故事。但对我来说，则是一种横向思维的体现。

应该乘哪趟航班？是需要早起，尽管疲劳但能保证及时到达目的地的早六点航班？还是让我觉得有点赶的早八点航班？能不能两个都不选——我是不是可以乘头天晚上的航班，到朋友家待一晚上，第二天还能赶上她的早餐（妙哉），而且可以从容不迫、好整以暇地去参加白天的活动呢？

德·波诺认为，人天生是没有横向思维习惯的，但我们可以朝这个方向训练自己。在他所建议的办法中，我觉得有一个很有意思：引入一些随机的元素和想法，强制让自己用另一个角度去思考面临的问题。**他称之为"随机输入"法。这个方法简单易行，比如翻开一本词典，把手指放在看到的第一个词上，然后试着从这个词上找到能够帮助自己获得新视角的方法。**任何能让你摆脱固有思维定式的事物都可以。

在我们寻找这个"随机输入"的事物的时候，书是很好的一种选择。即使是一本看上去和你在考虑的事情没有丝毫关系的书，也有可能起到作用：比如一本小说、人物传记或诗集。就算最糟糕的情况，也无非就是我们仍在不停地“交换”，仍在纠结困惑，但至少还读了本有意思的书不是嘛。

《大海的礼物》

宽待自己

1987年，大学毕业后在香港做了三年记者和杂志编辑的我刚开始做图书出版，那个时候，我总会在办公室花很长时间。我早上从不着急，但是几乎每天晚上，我都工作到很晚，并且几乎每个周末都加班。我的工作效率并不总是很高，但是我一直在工作。那时还是一个不一样的时代，我们还在用复写纸做手写信的复印本，而且只有行政秘书足够幸运，可以使用配有神奇球形打印头的 IBM Selectric 打字机。而我们剩下的几个人（从像我这样的助理，一直到高级编辑），只能凑合使用那台蹩脚的老式“史密斯冠军”，就是那种改错的时候要把单个字母打印头取出来再装回去的设备。

我为自己当时的努力程度感到非常骄傲。那时我刚二十五六岁，非常自信没有谁的工作时间会比我更长。

但是，一个春日的一次对话极大地改变了我对工作的看法。与我对话的，是一位令人敬畏的编辑，公司的明星员工之一。她当时50多岁了，以编辑水平的精明和偶尔的毒舌而闻名。但她似乎很喜欢我，我们也常常说话。事实上，我从未看到所谓的毒舌。当她问起那年夏天我准备休假多久，以及如果我想离开镇子出去度假，能否负担得起出行费用的时候，我以为我们只是随便聊聊天。

“我不知道今年能不能休假，”我告诉她，“我太忙了。”

突然，她变得很严厉。她目光炯炯地盯着我，然后说道：“我把你想得太好了。但是显然，你要么狂妄自大，要么是个傻瓜。”她停顿了一下，“如果你以为，我们离开你几周就都活不下去了，你就是个自大狂。如果你认为我们可以活下去，但仍然坚持假期工作，你就是个傻瓜。”

过了几天之后，她才又开始热情地和我说话。当她再次和我聊起天的时候，我告诉她，我打算去拜访一个住在泽西海岸（Jersey Shore）附近的朋友。

当我读到安妮·莫罗·林德伯格（Anne Morrow Lindbergh）的经典小说《大海的礼物》（*Gift from the Sea*）时，会想起这段对话。

这是一本我曾经听说过，也亲眼看到过的，很多人的书架上会摆放的一本书，而且很容易猜到，这本书尤其会是海边小屋主人书架上的常客。书的作者是飞行员查尔斯·林德伯格（Charles Lindbergh）的妻子，以及1932年一桩臭名昭著的绑架撕票案中被害婴儿的母亲。

关于自己的母亲，安妮·莫罗·林德伯格的女儿瑞弗在50周年纪念版的序言中如是写道：

我记得她总是看上去很小，很纤弱。我记得她的智慧和她的敏感。但是当我再次阅读《大海的礼物》时，那种脆弱的假象烟消云散，露出了真实。我怎么能忘记？她，毕竟是一个在1932年不幸失去自己的长子后，抚养大了5个孩子的女人。她是在1930年，美国首位获得一级滑翔机飞行员执照的女性，以及在1934年，首位获得美国国家地理学会哈伯德奖章的女性，以表彰她的航空和探索冒险精神。1938年，她还凭借一部根据他们的冒险经历创作的小说《听啊！风》（*Listen! The Wind*），获得了美国国家图书奖，而且，她一生都一直是一位畅销书作家。

安妮·莫罗·林德伯格，即便有那么多出版的作品，仍然是一个谜一样的存在。在二战早期的几年间，她毫不干涉的立场尤其证明了这一点。她在“珍珠港偷袭事件”之前的反战作品，也许受到了幼稚的和平主义，以及支持自己丈夫的愿望的影响。她后来称自己当时对于希特勒和纳粹德国“无知”而“盲目”，并对此表达了懊悔。

她的儿子遇害后23年，也就是二战结束后10年，安妮·莫罗·林德伯格写下了《大海的礼物》。这本书立刻引起了轰动，第一年就卖出几十万本，此后销量达到了数百万，并且从未停止再版。

《大海的礼物》是一本关于思考和冥想的沉思录，是作者在佛罗里达海边居住期间，以及此后的一段时间里创作的。每个章节的灵感都来源于作者在海边捡到的不同的贝壳。书中包含了林德伯格对于女性、环境、母爱、婚姻、工作、爱情、独立，以及我们应该如何管理时间和我们的生活的更广博的思考。

林德伯格的某些建议看上去可能有些过时，但是大多数并没有。她的文字是写给其他女性的，但是她的大部分忠告适合所有在努力寻找生命的平衡的人。

大海的第一份礼物，是一个有沟槽的海螺壳。她被这个贝壳的简单、裸露和美丽所打动。她的“壳”完全不是这样。她这样描写自己在乡下家中的生活：

其中有食物还有房子；有饭菜、计划和购物，账单以及用一千种方法达到收支平衡。其中不止有卖肉的小贩、面包师、做蜡烛的人，还有无数其他的专业人士来让我这个贴着现代“简单化”标签（电、管道、冰箱、煤气炉、油燃气、洗碗机、收音机、小汽车和大量节省了劳动力的设备）的现代家庭能正常运转。其中有健康，医生、牙医、预约、药品、鱼肝油、维生素、药店。其中有教育，心理的、智力的、身体的；有学习、家长会、车库、篮球或乐团练习的额外行程；有辅导；露营，露营设备和交通。其中有服装，购物，洗衣，清洁，修补，做裙子和缝纽扣，或找别人来做这些事情。其中有朋友，我丈夫的、我孩子的、我自己的，和无休止的聚会安排；有信件、邀请函、电话和去往各处的交通工具。

我和我丈夫没有孩子。我们从来没有想过要自己的小孩，这样很好，因为我们养活家里的一盆绿植都很勉强。但是，已为人父母的朋友告诉我，书中这些对于五十年前的生活的描述，几乎是他们今天生活的准确写照。

林德伯格也写了关于“不断扩大的关系和社交圈”带来的挑战。虽然她说的是传统纸媒和广播，但她的话用在脸书、推特和照片墙上时，同样适用：“我们女人每天过的都是怎样一种杂技一样的生活啊。”

她看到的问题是，“如何在碎片化的生活中保持完整？”

要问如何解决，答案既不容易，也不完整。她说，放弃生命，归隐，当修女，都不可取。她认为她能做的，是在日常生活的纷乱与在海边和海边小屋的简单之间，谱写出变奏曲。她说，

“大多数情况下，我们，可以选择简单的我们，选择了复杂”。海螺壳作为一种礼物，是在提醒我们，只要有可能，就选择简单。

玉螺壳是来自大海的另一个礼物：玉螺壳提醒了她，再度学会独处和独自规划时间的重要性。“今天的世界不了解，无论男人还是女人，都需要独处。”她写道，如果你说自己预先安排了一场商务洽谈，没有人会试图说服你取消，然后去安排其他日常事务。“但是如果有人说：我来不了，因为这是我独处的时间，会被认为粗鲁、自私或奇怪。”她特别坚持地认为，女人需要独处，而且必须要找到一种方法，无论以什么方式，来获得这种独处。

而其他的贝壳，激发了她对爱情、关系以及接纳、沉默、选择、意义和美丽的思考。那个带给她“美丽”这份礼物的贝壳，对她来说尤其重要。

她写道：“我开始意识到，我在康涅狄格州的生活缺失了意义，也因此缺失了美丽，因为留给我的空间太小了……太多的活动，人和事。太多值得的活动，有价值的东西和有趣的人。因为让我们的生活变得杂乱不堪的，不仅有琐碎的事情，还有重要的事情。我们可能被过度珍爱的东西所累——太多的贝壳，而其实只要其中的一个或两个，就足够了。”

贝壳太多当然是快乐的烦恼。但尽管如此，它仍然是烦恼。

而她的解决方法很令人惊讶：无论何时，只要有可能，都选择未知而不选择熟悉，因为“**正是未知，和它所裹挟的所有的失望与惊喜，才是最有价值的**”。

在我写下这些文字的时候，整个世界，包括我自己，都无法自拔地爱上了日本居家整理大师近藤麻理惠（Marie Kondo）的《怦然心动的人生整理魔法》（*The Life- Changing Magic of Tidying Up*）。这本书教你如何按照类别把整间房整理一遍，而不是按房间或衣柜来逐个整理。你把自己所有的衣服、或所有的书、或所有的小东西，都摊开在地板上；然后，你一件件拿起每样东西，扪心自问，它是否会带给你快乐；如果没有，就扔掉它。这是一种非常有效的方法，但最适合那些独自生活的人。我知道的几对夫妇，就为此卷入了激烈的争吵：一个人认为，放在地上的每样东西都仍然能带来快乐；而另一个人的感觉却恰恰相反。

我尝试了麻理惠的建议。用在整理衣服上非常成功，可能是因为我不太在意衣服。但在整理书籍方面，她的建议并没有起多大作用；我的大部分书，甚至是李小龙的《截拳道之道》（*Tao of Jeet Kune Do*）——一本我永远不会去练的写给武师的书，都给了我快乐，甚至是那几本我放在咖啡桌上的观赏鸡画册（其实，那些书会带给每一位读者快乐）。还有每一本落户我家的食谱，也永远都不会被厌弃。

我也不会和麻理惠的书告别，因为它也给了我快乐。阅读这本书让我的脑海中浮现出了对于生活的一种愿景——我们可以在桌子上随意地放上茶杯，却无须为此专门腾挪地方；我们的抽屉里不会塞满了零零碎碎；我们有成套的八个盘子，而不是十一个互不相干的，从大清仓淘回来的，或是旧的餐具套装里幸存下来的盘子。

我喜欢麻理惠的这种美好想象。在我现在多少变得更加整洁的衣橱里，很容易找到东西，这确实令人高兴。但是我确信，如果我的生活完全变成了“简洁版”，我并不会比现在这种半凌乱状态感受到更多快乐。

麻理惠所提供的，是丢掉我们身边杂乱物品的物理方法，而安妮·莫罗·林德伯格的书则在提醒我们那些让我们负累的所有其他种种杂乱纷扰。丢弃所有不能再带给自己快乐的物品已经是一件难事了，放弃情感和精神上的杂物则要难上加难，这本书也在告诉我们，在我们意识到这个问题的时候，能够宽待自己。

《乡村风味菜肴烹饪法》

滋养

所有人都以为我们的朋友马可·帕萨内拉（Marco Pasanella）和他的妻子贝基（Becky）还有他们的儿子卢卡（Luca）是意大利人，所有人都错了，但又没错。马可在纽约出生，在纽约长大；但他的祖父母是意大利人，他很多的童年时光都是在那里度过的，大部分是夏天，特别是当他读大学时，他的父亲搬回意大利以后。所以他是半个意大利人，拥有双重国籍。贝基来自宾夕法尼亚州的乡村，但是她的品味和热情是纯粹的意大利风格，意大利是她成年以后第一次访问并从此爱上的国家，那次旅行她是为了去看公婆。而十岁的卢卡，只喜欢吃饭以及跟朋友闲逛。所以，对我而言，这让他们都非常的意大利。

多年来，意大利政府认为马可就是意大利人，而且他每次来意大利的时候，都试图强制他服兵役。最后，他的年龄做了他父亲试图通过文件解决但却没有成功的事情：马可四十岁时，意大利政府停止了征召和监禁他的行为，并最终在两年后，为所有的征兵工作画上了句号。但这些政府带来的麻烦并没有减少马可对意大利的爱，还有他父亲的。马可的父亲全心全意地爱着意大利：艺术； 直到他七十九岁去世那天之前每天都在坚持画的风景；食物。

在纪念他父亲的悼词中，马可说起他父亲的最后一顿晚餐是在托雷德尔拉戈（Torre del Lago）——一个湖城，和朋友们一起吃的圣诞节晚宴。马可的父亲吃了：

鱼菜（Antipasto di pesce）

海鲜烩饭（Risotto ai frutti di mare）

烤海鲈鱼（Branzino al forno）

甜品（Dolce）

白葡萄酒（Vino bianco）

马可说："我知道他吃了什么菜，是因为三十五年来，我父亲都坚持记日记，列出他和谁吃了什么、喝了什么。根据我的计算，共二万五千二百五十次，他列出了菜肴和酒水以及谁来了坐哪。每顿饭上面标注了不同颜色的线条和形状，这些标注的意思我还没有弄明白。除了日期、菜单和就餐的同伴，他的日记里没有其他文字。"

对于马可的父亲而言，我认为食物日记所做的，不仅仅是简单地帮他记住自己吃了什么、和谁吃的；我猜想日记帮他记住了当天他做过的其他所有事情，他的一生。

硅谷一家公司现在正在制造叫作“Soylent”的奶昔［这个名字很意外地和一部名为《超世纪谍杀案》（*Soylent Green*）的电影相互呼应，电影是关于（要剧透了啊！）自相残杀的］。他们的理念就是，你永远不必停止工作——你只要每天吸几口这样的奶昔，就能获得所需的所有营养。

林语堂认为，没有什么比和朋友一起吃饭更重要的了。他在《生活的艺术》（*The Importance of Living*）中写道：“如果一个人吃饭是为了工作，而不是工作为了吃饭，将会是非常疯狂的生活。”林语堂的妻子和女儿也持同样的观点，他们花了几年时间，创作了《中国烹饪的艺术》，让世界了解了什么是真正的中国菜。

我活着就是为了吃。我一整天都在想食物。每天晚上晚饭还没吃完的时候，我就已经非常兴奋地在憧憬第二天早上、中午和晚上都吃什么了。

我正在读的小说常常会让我变得很嘴馋。伊萨克·迪纳森（Isak Dinesen）的《巴贝特之宴》（*Babette's Feast*），劳拉·埃斯奎维尔（Laura Esquivel）的《巧克力情人》（*Like Water for Chocolate*），黛安·莫特·戴维森（Diane Mott Davidson）的《法棍和烤饼》（*Sticks and Scones*），约翰·兰

切斯特（John Lanchester）的《负债的快乐》（*The Debt to Pleasure*）以及莫妮克·张（Monique Truong）的《盐之书》（*The Book of Salt*），每每拿起这几本书，我就不得不在几章过后放下书本，跑去小卖店或附近的餐厅。嘴馋不只是因为故事和食物有关。比如，所有以日本为背景的故事，都会让我垂涎日本料理。而任何以公海为背景的书，都会让我渴望海鲜，哪怕是《海洋深处》[①]（*In the Heart of the Sea*）——纳撒尼尔·菲尔布里克（Nathaniel Philbrick）创作的一本关于寻找真正的白鲸莫比·迪克（Moby-Dick）的非虚构小说。这本书中，水手们营养的主要来源，不得不变成了其他水手。它没有让我变成食人族，但它确实勾起了我对于虾的强烈渴望。

而所有像我一样加入了读书俱乐部的人都知道，当轮到自己来款待的时候，你会发现自己抱佛脚地从正在阅读的任何书页从头扫到尾，寻找应该做（或订）一顿什么样的饭菜以及上什么酒水的灵感。就我而言，以靠近加勒比地区为背景的任何一本书，都会让我想去吃烤鸡、喝朗姆酒。

奇怪的是，阅读烹饪书常常能满足我的饥饿感。如果我看到一个很好的菜谱，就会开始流口水。 但是当我看了几十个菜时，我会很乐意喝一杯茶来换换脑筋。

---

① 以《白鲸记》为灵感来源与故事原型创作的小说，已被翻拍成电影。

此外，像大多数烹饪书爱好者一样，我更喜欢在刷过牙之后，睡觉之前，躺在床上读书。好的烘焙书会催生甜蜜的梦；精彩的外国食谱会载我到世界各地； 健康的烹饪书会让我因为阅读它们而自我感觉良好地入睡。但是有些食谱会让我的梦飞得更远：它们激励的不仅是我想要烘焙、旅行或吃更健康食物的欲望，还会鼓励我过上更美好的生活。在我所收藏或阅读过的最充满智慧的书籍中，有一些就是我收藏和阅读过的食谱。

有本书叫《家庭烹饪：厨房里的作家》（*Home Cooking: A Writer in the Kitchen*），作者是劳里·科文（Laurie Colwin）。这是一本从1988年开始，喜欢食物和喜爱写作的人都会爱上的书。科文赞美她口中的家常菜："可口的牛肉炖橄榄和奶油面条，简单的绿色沙拉配美味的调味料，还有一些松软干酪和巧克力慕斯甜点。这样的佳肴，就是天堂！"

她写道："我们生活在充斥着便利食品和家用电器的时代。我们不必宰猪、杀鸡，或做肥皂和蜡烛。我们不用手洗衣服。常常是机器为我们洗菜，但每个人仍然在抱怨他们几乎没有任何时间。有人说，美国家庭正在分崩离析。家庭里没有聚餐：都是一顿接着一顿的零食。"

科文承认她"不知道美国家庭是否正在分崩离析"，但她确实"知道很多人仍然喜欢为自己的家人做饭，但是当他们在办公室劳累了一天赶回家时，可能不会有很多时间和精力花在烹饪上。”她创作的是一本关于烹饪、食物和生活的散文书。她在书的开始提出了一个重要的告诫：“在我创作这些散文的那个时期，人们正越来越清楚地看到，许多同胞在我们最富饶的城市街头挨饿。写食物的时候，不可能不想到这些。”

这些优美的散文，主题涵盖了从你在厨房中可能需要的所有设备，到如何装扮蔬菜（为成年人以及儿童），到养活一群人，再到适合筋疲力尽的人使用的简单烹饪方法。几乎每一篇文章的结尾，都是一个简单而令人满意的食谱：土豆煎饼，牧羊人派，古老的蒸巧克力布丁，无盐烤鸡配大蒜和苹果，以及西印度群岛的黑蛋糕，这种黑蛋糕之于水果蛋糕，“就像是勃拉姆斯钢琴四重奏之于酒吧背景音乐”。

有一个章节是关于她所说的“育儿食物”，这是一个特殊的家庭烹饪类别，会让人想起总是有糊状食物，只用勺子的美好童年。她在其中写到了过去的最爱会带来的舒适感，以及她父亲去世后，她的一个朋友为她做了一个牧羊人派和她对此的感激之情。只是她当时还不知道，她的朋友为她做的，其实是她想要的。

她写道：“有些育儿餐，应该不借助任何餐具：玉米棒，饼干，蒸胡萝卜和小羊排。”“理想的情况是舒服又美味，且容易消化——哪怕只有一分钟，也让人觉得是安全的。”当人们休息充分并感觉富足的时候，正确的选择是一顿四星级的餐点，但对于精神上的痛苦而言，这并没有很大帮助，一大碗自制的汤更有用。

科文是小说家，短篇小说作家和散文家； 她的离世非常突然，由于突发心脏病，她在 1992 年四十八岁时离开了人世。她撇下了她的丈夫，一个女儿，八本小说，以及两本钟爱的关于食物和生命的书，第二本是《家庭烹饪》的续集，名为《更多家庭烹饪》（*More Home Cooking*）。

奈洁拉·劳森（Nigella Lawson）是另一本烹饪书作者，她书写食物在我们生活中的作用，是在书写生命，以及死亡。

奈洁拉的姐姐、母亲和第一任丈夫都死于癌症。在她《盛宴：赞美生命的食物》（*Feast: Food to Celebrate Life*）一书的最后一章，她写的是葬礼上的食物，以及你可以为那些悲痛的人带去什么。

“在葬礼上谈论你吃了什么，把它当作对生命的一种歌颂，似乎是一件奇怪的事情，” 她写道，“但是在所有层面，这才是它真正的意义。我并不是说要以一种欢快的，也许略带感伤的庆祝方式，送走逝去的人，尽管这就是其中的一部分。任何食物都是在提醒，生命还在继续，提醒活着很重要。这并不残酷：这是你能给逝者的最大的尊重。”

奈洁拉描述了对于某些人而言，为什么吃东西这个行为“可能是现有的”活着与死去之间的“可怕差别最残酷的表现”。

但是她提醒读者，你无法用“表现得就像自己也已经死了一样”，让逝者回到你身边。

她还智慧地指出，没有人能选择他们该如何反应：“有些人因为悲伤而大吃，有些人却没有了胃口。”她解释了食物如何“标志着生与生之间的联系。对于一个失去至亲的人，你无法跟他们说出任何能让情况好转的话，甚至是‘你自信可以让情况好转’的想法，也可能令人感觉有所冒犯，即使这个愿望是满怀善意说出来的。但你可以帮忙，你可以做吃的。如果你不会做饭，或者没有时间，你可以去买”。她恳请你不要做的一件事就是，“如果你想帮一个正在承受失去至亲之痛的人买东西，不要问这样的问题，比如‘他们想要你买什么，或者他们想吃什么’。决定会很难：你必须去做，而且做的时候不要太在意要买什么”。

奈洁拉举例说道，有一次，在她为亲人离世感到难过的时候，她的一个朋友在她家门口为她留下了一些吃的。“她没有告诉我她要来，她没有问我需要什么：她只是把几个袋子放在了门外面，附了一个简短的便条。”奈洁拉对此的评价是，这是“任何人都可以做到的最温暖的事情之一了”。

埃德娜·刘易斯（Edna Lewis）的《乡村风味菜肴烹饪法》是一本写满了慷慨和仁慈故事的书。它既是一本诗意的回忆录，也是一本食谱，阅读这本书把我从我在城市里的公寓带到了我从未去过的地方：弗吉尼亚州的自由镇（Freetown）——埃德娜·刘易斯1916年出生的地方。

书的开始，刘易斯告诉读者，自由镇“是一个聚集了一群农场工人的地方。那里不是一个真正的镇。起了这个名字是因为，第一批居民已经全部摆脱了奴隶制度，他们想让别人知道，这是一个住着自由居民的镇子”。她写道，她的祖父是创始人之一。

餐厅老板和活动家爱丽丝·沃特斯（Alice Waters）在给《乡村风味菜肴烹饪法》三十周年纪念版作的序中，如此描述刘易斯和她的这部经典作品：“她喜欢自己的童年，她的童年只能用田园诗般来描述，其中有永远干不完的繁重农活和厨活，这些工作既养活了整个集体，又为整个集体带来了欢愉。”1976年，随着这部优美的、不可缺少的经典食谱的出版，她把自己失去的自由镇天堂重又带回到了现实生活。感谢这本书，新一代的年轻人认识了可以与全世界最经典的美食相媲美的美国传统美食的辉煌，那是一种简单的、纯粹的和绝对美味的传统，只有当食物吃起来就是那个味道时——就是那个地方的、就是那个时间的——才可能有的。

沃特斯（Waters）将刘易斯与“另一个伟大的‘简单’的倡导者——圣雄甘地”相提并论，甘地曾“举世闻名地提出，我们必须成为我们在这个世界上想要成为的改变”。像甘地一样，刘易斯既传统又激进。为了成为她想要的改变，她离开了种族分裂的南方，奔向了纽约市的未卜前路，做过《工人日报》（*Daily Worker*）的排版员，玛丽莲·梦露（Marilyn Monroe）的裁缝师，以及其他不同职业。此后她成了曼哈顿东区一家名叫尼克尔森咖啡馆（Café Nicholson）的餐厅主厨，后来，又当上了布鲁克林的 Gage & Tollner 餐厅主厨。

埃德娜·刘易斯此后又继续创建了“南方食物复兴与保存协会”。之后她又被国际名厨太太协会授予了贵夫人（Grande Dame）奖。后来她又写了三本书，两本是独立完成的，一本是和她的朋友斯科特·皮科克（Scott Peacock）一起创作的。2006 年，她在格鲁吉亚的迪凯特（Decatur）去世，享年八十九岁。

《乡村风味菜肴烹饪法》是按季节编写的。刘易斯通过一餐又一餐的佳肴，带着读者走过了所有的收割、民俗和节日。早春剪羊毛过后的一次晚餐，一个仲夏星期天的早餐，以及宰猪过后一个清晨的早餐，还有一个庆祝“最后的家养鸡”活动的晚餐。还有晚宴：黑奴解放日晚餐和圣诞晚餐。

就像每个季节都有自己的菜肴一样，每餐都有自己的食谱。我最喜欢的是刘易斯的蜜柚饯、新鲜的配了青葱的白菜、热奶油甜菜、炖羊腿、焦糖夹心蛋糕、奶油炖牡蛎、核桃饼干、牛腩派、腌兔肉、蒲公英酒和鲱鱼子。还有有史以来最好的单面煎荷包蛋做法。

这本书用了最甜美的英文单词中的四个来作结尾：“献上

温暖的姜饼”。

这些都是食物。但刘易斯展现出了食物背后的精神。她写道：“每当农场出现重大任务和必须快速完成的工作（时间对农业来说很重要）时，每个人都会冲上去，不只是家人，还有邻居。之后，我们都会参加庆祝活动，分享辛勤劳动后的回报。这一年似乎被各种大事件划分开来，宰猪、圣诞节、冬季切冰，春天第一轮绿色蔬菜的收割和吃剩蔬菜的夏天用来放牧，激动人心的小麦打谷时刻、艺术周和比赛日活动的兴奋，还有解放日的庆祝仪式。所有这些事情都是整个集体的所有人，不论年轻人还是老年人，共同参与共享的。我想这就是为什么我一直觉得自由镇的人们很特别的原因。他们对作为孩子的我们表现出了如此的爱和情感，同时又要求我们做一些事情，他们知道如何相互帮助，从而让这片土地能够保持繁荣，供养每一个人。每个家庭都有别样的天赋，特有的秉性，但是他们以一种重要的方式被绑在了一起。”

这是一本关于照顾彼此，以及关照未来的书：“如果你有一片土地，那么一定要种一些苹果树，尤其当周围有孩子可以受其恩泽的时候。我们还在享受 45 年前，我们父母种下的苹果树结出的果实。”

刘易斯快乐地描述了她的童年。她充满感情地写了她的父母；还有表兄弟们来拜访时的兴奋；还有从三月到夏末结束，那种不穿鞋的快乐；还有做冰淇淋；还有平安夜的异常激动，因为可以吃到大餐，而里面不光有作为头菜的牡蛎。

在《乡村风味菜肴烹饪法》的末尾，“从不迟到的冬季盛宴”一节中，出现了一篇文章，提醒读者这种田园诗般的童年有多么珍贵和来之不易。

在这些日常杂事之间，自由镇的人们找到了更多相互拜访的时间。从附近镇上来的访客，尤其会带着老人来拜访。这位长者（80岁或更年长）骑马，或乘双轮单座马车到来，卸下马辔，把马和我们的马一起拴在谷仓。然后他会拜访我们一周或三周。我们喜欢有访客。这会给屋子里带来节日气氛，邻居们会顺道拜访和客人打招呼。我们这帮孩子可以自己玩儿，并且举止松懈而不被注意。壁炉里的火会烧得很旺，我们会端上似乎是专门为这类场合而自制的蛋糕和自制的葡萄酒。会有生动热闹的谈话，大多都是年岁较大的老爷爷们在说话，而像我父亲这个年龄的年轻人则都在听。我也会抱着父亲的腿听着，同时看着在壁炉里燃烧的木头，还有拼命想要逃离火舌的虫子，而且只有我注意到了它们处境的绝望。我太年轻了，不明白他们为什么花这么多时间谈论。后来我才知道，他们仍然在为五十年前的奴隶制度，以及成为自由身而感到唏嘘。这是他们从不厌倦谈论的话题。由此诞生了一首我经常会听他们唱起的歌，“我的灵魂回望，感叹我如何一路走来”。

埃德娜·刘易斯为我们描述的这个世界如此可爱，它激发了读者为季节庆祝的愿望，为我们的集体做更多工作的愿望，以及种植会在我们离开很久之后仍能结出果实的果树的愿望——这个世界，正如她在书的开始和结尾所说，是由被奴役长大的人所创造的。

食物作家和烹饪书编辑弗朗西斯·林（Francis Lam）在《纽约时报》杂志一篇关于这本书的文章里，写到了埃德娜·刘易斯和黑人南方烹饪（black southern cooking）对于今天美国烹饪的形成奠定的基础性作用。林还写了刘易斯长大和生活的那个世界：二十世纪七十年代，经过多年的政治激进，经过民权运动，经过为“斯科茨伯勒男孩”事件奔走呼吁，她在自己五十多岁的时候，写下了《乡村风味菜肴烹饪法》。他引用刘易斯朋友皮科克的话：“她可以看到世界的丑陋”，但林补充说，刘易斯“拒绝让过去，她的过去，被除了她以外的任何人定义”。

一部烹饪书能做的，远远不只提供美味佳肴的食谱：它可以让我们认识新的地方，帮助我们庆祝生命，失落的时候安慰我们，并告诉我们如何生活。食谱甚至可以让我们不要忘记美国的原罪，这些罪恶在无数今天依旧存在的不平等中仍在上演，食谱还启发我们更加认真地倾听彼此，更加努力地修缮我们的世界。它还可以帮助我们记得感恩那些为了给我们提供食物而努力耕作的人们所付出的劳动，感恩有饭菜供我们每日享用，以及感恩有我们愿意与之分享食物的人们。

《录事巴托比》

放弃

巴托比[1]（Bartleby）是赫尔曼·麦尔维尔（Herman Melville）笔下故事中的一名普通职员，一个“半途而废”者的守护神。如果说亚哈（Ahab）——麦尔维尔塑造的一个坚决拒绝放弃追杀大白鲸莫比·迪克[2]（Moby Dick）的人物是阳，那么巴托比就是与之完全对立的阴。

我在得克萨斯州奥斯汀市参加一场技术会议的时候，发现自己想起了巴托比。我当时正在听一位著名风险投资人的演讲，他已经通过投资互联网初创公司，为自己的投资人赚了几亿元。

---

① 《录事巴托比》（一译《抄写员巴托比》），是《白鲸》（*Moby Dick*）（1851年发表）作者赫尔曼·麦尔维尔创作的另一部文学作品。书中主人公名叫巴托比，在一家律师事务所担任抄写员（录事）。

② 莫比·迪克（Moby Dick）是《白鲸》中白鲸的名字。小说描写了亚哈船长为了追逐并杀死白鲸莫比·迪克，最终与白鲸同归于尽的故事。

在他的讲话中，他如数家珍地列举了一些全球商业传奇人士的名字，与这些名字相对应的，是全世界最成功的几家公司的创办人。他让观众思考这些人有什么共同点，紧接着，他就回答了自己刚抛出的问题：

“他们从不放弃。”

我发现这么说很振奋人心。这个说法也并不新鲜。但是它非常具有说服力。从小到大，我们一直都被灌输：成功者从不轻言放弃，半途而废绝不会成功。但是那天，我对此进行了更深一步的思考之后，这个问题开始在我脑海中挥之不去。首先，所有这些商业传奇人物，可能都放弃了某些东西——学业或是其他职业。或许他们最初的梦想是当爵士音乐家和篮球明星，然后或许他们放弃了对于这些梦想的追求。只凭他们没有放弃最终令他们蜚声国际的事业，并不能说明什么。这一点显而易见。

就是这个时候，巴托比跳入了我的脑海。

但是这时我并没有多想。

之后，我偶然看到了一段正在网上热播的视频。视频的内容是一名真正意义上的英雄在得克萨斯大学奥斯汀分校作的一场毕业演讲。演讲者曾经光荣地为美国海豹特遣队效力 37 年，获得过美国特种作战海军上将和司令官头衔。他根据自己在海豹特遣队这支美国海军精英特种部队训练的切身经历，在演讲中给出了自己对于如何改变世界的建议。对我而言，这些建议似乎非常好——从每天早晨铺床叠被开始，这也是我妈说过的（尽管没能坚持下去）。后来，演讲进入了尾声。他说到了放在训练场中央的一个铃铛。他说，当你在海豹特遣队训练过程中敲响了铃铛，就意味着你不行了，不想干了，你放弃了。铃铛一直都在那里。你可以随时敲响它。你可以敲响它，如果你觉得训练太累了，如果你不想再早上 5 点钟起床，如果你厌烦了在冰水中游泳，如果你觉得筋疲力尽了，如果你认为海豹特遣队并不是你想要的。

他的建议很简单，他说：“如果你想改变世界，一定一定不要去敲响那个铃铛。”

而我想的是，胡说，才不是这样。

我的意思是，有时候你必须去敲响那个铃铛。或者承认，你的生意很惨淡；或者就是直接放弃。即使你真的想要改变世界。

每一位成功者都没有放弃，这当然是事实——要不然他们何来成功呢？但是很多人却在早该停步的时候，又坚持了多年。很多人在执迷于一个毫无机会实现的梦想的过程中，让自己和身后的家庭破了产。在一个不允许任何人主动失败的文化中，人们更倾向于对自己的真实处境说谎，而不是去承认自己已陷入泥潭，尤其当承认意味着每一个出口都会瞬间关闭的时候。

“假装成功，直到真正成功”（Fake it till you make it）这句话理论上无懈可击。但是往往它真正的意思是，假装成功，直到你装不下去。

而至于说不敲铃铛——这完全不能成立。铃铛放在那里就是用来敲的。如果你意识到你没有毅力或动力成为一名海豹特遣队员，你当然应该敲响它，同时不为此背负任何的羞耻感。我们最不希望看到的，是在海豹特遣队中出现了那些自认为不具备应有素质的人。而且，我们应该鼓励那些不适合的人尽早认识到这一点。

我又想起了巴托比。

长久以来，我一直都是一个敲铃者。我会退出。如果我正在读一本书，却对书中所讲漠不关心，我就叫停。在剧场看演出的时候，如果我觉得无聊，我就离开。我会坚持到中场休息，但之后我会快速逃离，不是走出去，而是跑到最近的出口。

有一天我正在看一档电视节目，我看到有一段播放的是一个年轻的英国男子，他决心去亲身体验一次蹦极——也就是从一座桥或高塔上跳下后身体会疾冲向地面的极限运动，而将你和死神（或重伤）阻隔开的仅仅是一根系在你脚踝上的橡胶绳。在泰国，这个年轻人登上了蹦极台，然后全副武装准备纵身一跃。而那一刻，他承认自己非常害怕。在蹦极项目中，这并不少见。一个紧挨着他准备在他前面跳的女子，犹豫了几分钟后决定不跳了。她放弃了。

再一次，我想起了巴托比。

但这个小伙子决定无视恐惧。所以最后他还是跳了。接下来，出现了几乎从来没有发生过的一幕：橡胶绳从他的脚踝甩脱了。他没有像自己预想的那样弹回去，而是像炮弹一样砸向了湖面。当他撞向水面的那一刻，他的时速是每小时80英里（约128千米），他为此身受重伤。撞击使他的脾脏破裂，肝脏撕裂，肺萎陷。他差点丢了性命。在曼谷住了一个月医院才回家。

这就是当你脑子里有个声音让你放弃，而你却没有听从的时候可能发生的事情。但是，当你每每感到害怕或不确定或焦虑不安的时候，都选择放弃，也很危险。如果你这么做了，就错失了体味冒险和兴奋的可能性。你的世界被局限了。而且有时候，不论你多么想要放弃，你都真的不该这么做。

关键在于，要弄清楚会冒什么险。

当温斯顿·丘吉尔在1941年的演讲中说出，**“绝不屈服，绝不屈服，绝不，绝不，绝不，绝不——屈服于任何东西，不管它是伟大还是渺小，庞大还是细微**——除了对荣誉和机智外，都绝不屈服”的时候，他当然冒了很大的风险。

谢天谢地二战期间温斯顿·丘吉尔和英国人民有如此坚定的决心。如果在当时敲响铃铛，整个世界将面临灾难。有时候放弃不是可选项。但是大部分时间，它是。

但是很多时候，最艰难的事情并非放弃——而是坚持放弃。人们或许会试图劝诱你回到游戏当中。你或许还会试图自己说服自己这么去做。

坚持放弃可能会很难，比坚持到底要难得多。坚持到底的理由往往很明确——就像1941年的英国和丘吉尔一样。而有时候，这种明确只为一个很小的理由——我不放弃是因为我不想放弃，而且我也没有必要非得放弃。这个理由也非常典型。

但是就此打住的原因（而且一直打住），却往往不那么明显。也许纯粹是出于惯有的那种害怕，就像那个没有蹦极跳的女子。或者是因为厌倦和不快，就像我放弃一本书或演出中途离场。这个世界在向我们要一个解释，而往往我们给不出答案。

对于像我们这样要不时与放弃的强烈念头做斗争的人来说，文学作品给我们的引导少之又少——但是我们的确有了抄写员巴托比和一个同名的短篇故事，这是麦尔维尔继《白鲸》出版两年后，又推出的作品（副标题是“一个华尔街的故事”）。

巴托比的故事是由律师事务所的负责人讲述的，他有两名办事员（抄写员，也被称为代笔人）和一名为自己办事的勤杂工。他又招来了第三名办事员，性情难以捉摸的巴托比，“穿戴整洁，但毫无血色；令人尊敬，却可怜巴巴；还有一种无可救药的孤僻。”

我们的讲述者描述道：“开始巴托比做了大量的抄写工作。对于抄写有着如同长久饥饿的人对于食物般的渴望，他似乎要通过我的文件来喂饱他。但他却从不停下来消化。他没日没夜地工作，白天借着日光，晚上借着烛光，不停地抄写。如果他的勤勉是开开心心的，我本该为此感到高兴。但是他的写，沉默、灰暗、机械。”

巴托比平静又安稳地工作了两天，直到第三天，他被要求做一项日常工作：他的老板需要他帮忙对比一份简短的文件和它的手抄本。讲述者写道：“你会想象到，当他无动于衷地用一种异常平和而又坚定的声音回答‘我不想’的时候，我是多么惊讶，不，是多么惊恐。”

这只是巴托比不服从的开始。巴托比开始越来越多地拒绝工作，还是用那几个字，尽管他的确还在继续勤奋地抄写文件。其他的奇怪行为也开始出现了：巴托比似乎住在了办公室。最后，在几次三番尝试规劝巴托比之后，我们的讲述人放弃了，并决定开除巴托比，尽管这需要支付他大额的赔偿金。但是他没有成功：巴托比“不想”离开。我们的讲述人此后为了摆脱巴托比，将办公室搬到了另一栋大楼。但是即便如此也不行：即使旧办公室搬进了新租户，巴托比仍然拒绝离开。而且总是重复那句，“我不想。”最后，在巴托比拒绝了所有让他搬离旧地的恳请后，警察被叫来了，他被关进了监狱，一个他“不想”在里面过活的地方。

令巴托比如此不可理喻的原因，并非是他拒绝做被要求的事情，而是他拒绝给出理由。他拒绝告诉讲述人他在哪里出生等一切关于他自己的哪怕任何一件事情。他甚至拒绝说出他什么都不愿意说的原因。巴托比放弃为自己辩护的唯一原因就是他“不想”。这是你能想象到的最令人反感和反常的行为了。正如我们被激怒的讲述人所说：“没有什么比消极抵抗更能激怒一个热心的人。”

的确，亨利·截维·梭罗放弃了拥有的一切，退隐到了丛林中的一间小屋，但此后他创作完成了《瓦尔登湖》，他在这本书里讲述了为什么退隐以及他发现了什么。这才是应有的范本。如果你辞职了，你很可能会接到离职谈话的邀请。当然，你可以回答，“我不想去”，这是你的自由。但是大部分人会屈从于现实压力，并且会紧张地为自己解释。如果我退出了脸书，哪怕只有几天，我也觉得自己欠了这个世界一个解释，而且通常会给出一个理由。

退出时挣扎反抗，这是由来已久的。每个人都能理解——在喧嚷却有原则的离开的过程中，你说明自己不能继续参与，或者甚至无法忍受自己需要到场表示支持的原因。但只是扭头就走？这是对社会公序的挑衅。

也许有些事情我放弃得有些早。我喜欢弹钢琴，但是我无法忍受练习，很快就放弃了。而有些事情我或许应该更早地放弃。我曾经做了一些非常糟糕的商业决策，因为错误的决策，公司后来需要继续砸钱去补救前面的失误，我为此感到很愧疚。而导致这一结果的原因就是，即便是对我自己，我仍然太过固执，不愿意承认我犯了错误。

不可否认，巴托比或许不是最具有说服力的反抗典型，但是他的立场的纯粹，他能够保持这种立场的那种自信，为这样一个社会，一个惧怕那些不惧威胁或不惧诱惑的，就是不愿意参与自己不喜欢的活动的人的社会，提供了一种别样而令人振奋的试金石。我不担心这个世界有一天会缺少弹钢琴的人，或者缺少像我这样为他们喝彩的人。但是我确实担心，当我们想要放弃正在做的事情，理由就是我们“不想”的时候，我们不能为彼此提供足够的鼓励。

《身体的礼物》

人类之死

当一个作家死去时，她或他写过的作品也一并死去。

我第一次知道艾滋病是在《纽约时报》1981年7月3日的一篇文章上。我将满十九岁，刚读完大学第一年。那篇文章的标题是“41名同性恋患罕见癌症”。吓人。但不是很吓人。我是说，毕竟只有41个人。

所以当时的我并没有想太多。下一年，我休学了一阵子。在本应该是大三秋季学期时去洛杉矶（Los Angelas）电视业寻找名声和财富。我做过临时秘书、英语代课老师和一部电视剧的制片助理，最后我找到一份为某导演当私人秘书的工作。他需要一个可以打字和开车的人。我开车的技术可一点都比不上打字。事实上，是糟透了。但他好像不在乎。

当时我二十岁，独自生活在洛杉矶，生活有些放纵。我有一群热闹非凡的伙伴，我们夜夜在一个叫主脉的酒吧聚会，然后去一号工作室（他家的格言是“为了八十年代”）跳舞。在醉人的节拍下，通常放的是戴安娜·罗斯[1]（Diana Ross）的《肌肉》（Muscels），哈泽尔·迪恩[2]（Hazell Dean）的《寻找》（*Searching*），唐娜·莎曼[3]（Donna Summer）的《独立国》（*State of Independence*），托妮·罗勒[4]（Toni Basil）的《米奇》（*Mickey*）和霍尔与奥兹[5]（Hall & Oates）的《食人者》（*Maneater*），我们聚在一起，跳舞聊天。这是鱼龙混杂的一群人：一个有偷窃癖和一头及肩金发的男孩；一个我崇拜的帅气舞者（他仍然是我最喜欢的人之一），他的胸肌可以夹住一支铅笔；舞者情绪无常的室友，他有一种恶毒的幽默感——这只是我的一小部分伙伴。我们有无穷无尽的时间厮混在一起，却好像从来不需要买酒客套：他们就这么出现了。在我们的小团伙里有一个长相英俊、性格温和叫爱德华的家伙。我和爱德华并没有特别喜欢彼此，但如果当灯亮起，周围又没有其他人时，我们也会一起回家。或者至少当我们一起走回家五到六次之后，

---

① Diana Ross（1944-），美国女歌手。

② Hazell Dean（1952-），英国流行舞曲歌手。

③ Donna Summer（1948-2012），美国女歌手。

④ Toni Basil（1943-），美国女歌手。

⑤ Hall and Oates，美国男子白人灵魂二重唱组合。以上都为二十世纪七八十年代的流行歌手。

我们俩就基本上能想到的事都一起做过了。

接着爱德华突然每天晚上都不来主脉了，最后我给他打了个电话。他病得很严重，他跟我说，但他不确定是什么病：他体重不断下降；他的腺体肿胀；他半夜惊醒，浸湿在汗里。他有点害怕，主要是因为没人知道他的病是怎么回事。

我提议请他出去吃一顿饭，如果他愿意的话，最后我们去了IHOP，国际煎饼屋[①]（International House of Pancakes）。我让他吃了他们家的巧克力薯条煎饼——让他长长肉，也因为它们太好吃了。那是我最后一次见到爱德华。后来他搬回了夏威夷（Hawaii）。

在我们的 IHOP 聚餐期间和之后，我对爱德华的病都没有想太多。他可能是得了流感，或是胃出了点毛病，或是任何成千上万种很快能好起来的毛病之一。但后来有消息传过来说他死了，没人知道为什么。整件事都很古怪，但我们和他的关系都不怎么亲密。

当 1983 年春天我回到大学，我重新和我父母的朋友，那时也成了我的朋友，作家拉里·克莱默[②]（Larry Kramer）联系上。他全身心投入和其他人共同创立的同性恋健康危机组织

---

① 一家美国跨国连锁家庭休闲餐厅，主营早餐。

② Larry Kramer（1935-），美国剧作家、作家、公共卫生倡导者和 LGBT 权益活动家。

（Gay Men’s Health Crisis）中。越来越多的人死于当时称之为 GRID 的病——男同性恋免疫缺乏症。和拉里聊过之后我被吓坏了。特别是当我意识到爱德华肯定是死于这种现在被叫作艾滋病的病。

拉里说服我这种影响了成百上千人的疾病很快会影响成千上万的人。但对此没有人出来说些或是做些什么。一起致七人死亡的泰诺中毒案连续数天登上报纸头条；几年前爆发的导致二十九人死亡的军团病也是如此。但现在出现一种主要影响男同性恋的疾病，也正因如此，没有人对此感兴趣。

但当艾滋病最终得到媒体关注时，其结果是歇斯底里的。全国百分之十五的人认为得艾滋病的人应该被打上文身方便辨认；全国超过一半的人认为所有艾滋病人都应该被隔离。当时那种恐怖的氛围实在难以描述。医院拒收到了大门口的将死之人。那些幸运进了医院大门的人通常也不会有人来给他们送饭——食物被放在病房门口。在街上人们纷纷避开有可见伤口的人，他们在工作上也常常遭拒。遭受这样待遇的还有那些只是“看起来”或是“行为举止”像同性恋的人。

这种疾病肆虐了我大学最后两年。我举办了募捐活动，去新成立的纽黑文艾滋病项目（AIDS Project New Haven）做志愿者，每周离开校园一两个晚上为他们的热线做志愿者。在没有任何让人安心的信息可供分享时，让打电话的人安心是一件很困难的事。我肯定感觉不到有任何安慰的效果。我在脑子里做过统计。每个患病的人都正在死去。比如爱德华。他死了。我还和很多其他人在一起过，在洛杉矶以及没到洛杉矶之前（即使在十八岁“正式”出柜之前，我一直都过得很放纵）。他们中的很多人都病了。

我觉得自己可能活不过三十岁，甚至是二十五岁。我内心还充满了一种恐惧，也许是我在无意中让其他人染上了这种病，这种恐惧是如此强烈，我只跟人分享过一次，我对大卫·贝尔说过，至此再也没跟任何人提起过。大卫是少数几个我可以交心的人；他也有同样的恐惧。

那段时间在大学里的生活很离奇：白天我主要在食堂和课堂里待着，当时同伴们最大的担心是某个考试能不能过，某篇论文能不能及时交，或是能不能在某场戏里拿下一个角色；而大部分晚上和周末时间，我都在和正在死去的年轻人聊天。

志愿工作是我暂缓恐慌的办法。

所以在纽约度假时我也自愿参加了同性恋健康危机组织（以下简称为 GMHC）——偶尔为那些无法出门的人带食物，但大部分时间还是在热线上。热线在曼哈顿切尔西街区附近一栋褐石建筑里的一间小房间里运行。我当时的日常是：白天做临时秘书；然后在一家叫切尔西厨房的店里买一份墨西哥玉米煎饼；然后一边大口吞煎饼一边一坐几个小时不停地接电话。

我在 GMHC 的指导员叫巴里。他个子很高，身材瘦长，头秃了大半，嘴巴很毒。这是我对他的全部印象；巴里不是个喜欢闲聊的人。至少不喜欢和我闲聊。

一夜又一夜，我都在答复糟糕的来电。而让人感觉更糟糕的是我们对艾滋病依然一无所知，资源更是少得可怜。大部分时间我们除了听着之外什么都做不了。

然后，某个晚上，我忍到了极限。我刚跟一个年轻人聊完，他坐在家里他爱人的尸体旁，整个城市找不到一家殡仪馆愿意来收尸。我帮他把我们名单上的电话一家家打过去，终于找到一家愿意的了。另一通电话是一个偷渡到纽约市（NYC）的家伙想要知道能不能因为生病被遣返。他在抽泣。也许是因为卡氏肺囊虫肺炎呼吸不过来，我几乎听不清他讲话。我不停地说“抱歉”和“你能重复一下吗？”我们有一个律师也许可以帮助他，但我无法让电话那头的人足够信任我可以让他留下他的联系信息或是白天过来拜访。另一通电话来自一个年纪较大的男人，是同性恋但没有出柜，他的腺体肿胀，而且盗汗盗得厉害。会是艾滋病吗？当时还没有任何检测可以做，没有任何人知道是什么导致这种病的，没有任何人知道它到底是什么，离知道这些还有好几年时间。我只能告诉他去看医生。我有一位可以推荐给他的医生。

我正准备出门的时候，电话响了。

“GMHC 热线，我能帮你吗？”我说。

电话另一端是一个年轻女人的声音。

“你怎么知道自己有没有艾滋？”她问。

“这个，”我答道，“目前没有什么检测可以做，但当你患有和它相关的机会感染时就会被确诊。目前有一些许多人都有的症状：盗汗、持续数周的腺体肿胀，体重下降。但这也可能是别的病症。事实上，如果你过分频繁地检查自己的腺体，也会让腺体肿起来。腺体本来就不能老被戳碰的。”

电话那头一阵沉默。

“你有以上症状吗？”我问。

“没有。”年轻女人回答。

“有其他身体症状吗？比如伤口之类的？任何症状？”然后我肯定要加上这句，“你知道我不是医生。所以我没办法诊断任何事情，即使我是医生，我也没办法通过电话做诊断。如果你担心的话，你真的应该去看看你的医生。如果你没有医生，我可以给你推荐一位。”

“好的，”她说，“但你是怎么判断得病的？”

“这个，我们也不清楚。但好像是通过性传播的，也好像在共用一个针头的静脉注射毒品的人当中传播。”受过训练的我并没有催促她。

“好吧，我担心我得病了。你知道吗？我觉得我的理发师是同性恋。”

突然之间，我有种预感这通电话会通往何处。

“好的，”我说，“那没有什么奇怪的。很多理发师都是同性恋。”

“是啊，”她重复道，“我很确定他是同性恋。我刚刚从沙龙回来。他给我洗的头。现在我就在想他可能把艾滋传染给我了。你懂的。他的手伸进了我的头发里。”

“天啊！”我说，无法控制住自己。然后我开始不按剧本走了。“听着，我必须问你一个问题。”

“好的。”她说。

“你手边有笔和纸吗？还有小手提箱？”

“有的。”她说。

巴里不知道从哪里冒了出来。我不知道他怎么知道我接下来要说什么，但他从我手中抢过电话，然后冷静地安慰那个年轻女人。讲完电话之后，他转身面向我。

“我能问一下，尽管我想我可能知道，为什么你要问呼叫者有没有纸笔和小手提箱？”

我坦白了。我正要告诉她让她给家人写一封告别信，简单迅速地写一封最终遗嘱，然后打包一些小东西在手提箱里，然后去最近的急诊室待着，度过她最后的时光。

“那正是我担心的。也许你需要休息一个晚上。”

“但是说真的，巴里！被她的理发师感染？因为他可能是个同性恋？真是一个白痴！一个充满仇恨的白痴！”

我很愤怒。对她，也对巴里。

“带上你的煎饼，然后从这里滚出去。我们明天见。请少点歇斯底里，多点同情心。”当我关上门的时候，我想我听见巴里笑了。但他从来没向我承认过他觉得这很好笑。

几十年来，我一直尽量不去多想那段时光，主要是因为我不能。就好像那段时间是发生在其他地方其他人身上的事而已。我记不得当时是什么感觉。我记得其他人常用的一个说法是，当时我们就好像在打仗一样，我们被包围着——在工作中，在地铁上——被那些生活在和平中的人包围着。尽管我当时才二十多岁，但我已经习惯了朋友生病死去的事实：在爱德华之后，是休，是斯坦，是约翰，是吉姆，是克雷格（Craig）和其他许许多多人。每次死亡都一样让人觉得伤心、害怕和恐惧。但不再让人觉得奇怪。就是这样发生了而已。

最近读的一本书把我带回了那段时光：丽贝卡·布朗（Rebecca Brown）的《身体的礼物》（*the Gifts of the Body*），这是她写的第六本书，她还会继续写更多；她的作品包括散文、一部有关她母亲的死的回忆录、剧本和故事集。

《身体的礼物》是一本薄薄的小说，里面有十一个互相联系的故事，由一名家庭护理员讲述她上门照顾不同艾滋病人的故事。每一章由不同的“礼物”来命名——汗液、完整、眼泪、皮肤、饥饿、行走、死亡（没错，死亡）、演讲、视力、希望和哀悼。也许作者在决定小说构架时在读林白夫人[①]的《大海的礼物》。两本书的语调也有相似之处：都是安静发人深思的书。

但两者的主题却相差甚远。《身体的礼物》不只捕捉住了早期艾滋病泛滥时的恐慌，还有其中辛劳、单调乏味的尘俗。里面有患艾滋病的女人们的故事，尽管故事的叙述者大部分时间拜访的都是男同性恋者。

布朗曾是一名家庭护理员。我只是从书后面的她的自我介绍中知道的，但就算没有，我想我也能很快猜出来。整本书里的观察不仅仅是令人信服——它们有一种如同日记般的直观性。

“我打扫了浴室”，她写道，“我在淋浴间和洗脸盆里洒上清洁剂，然后清洗干净它们。我朝镜子上喷了稳洁清洁剂。当我在擦镜子的时候，我看见自己。我的脸上有污渍。我的 T 恤上有一块暗斑。我把手伸过去，然后闻了闻。闻着像我，但也像他。是里克的汗味。我用手捧住自己的脸，我能闻到手上他的味道。我在那里就这样站了一会儿，然后去了厨房。”

《身体的礼物》描写了很多家庭护理员的生活。作者仔细描述了他们的文书工作、工作计划和团队会议，开会时他们分

---

① Anne Morrow Lindbergh（1906-2001），安妮·莫罗·林德伯格，世界著名航空探险家林白的妻子、著名作家。

享他们与客户的故事、他们的工作，寻求建议，互相帮助，有时互相安慰。但描写客户的部分才是最鲜活的，还有客户们的朋友、爱人、前爱人，以及偶尔会有照顾他们的亲人。我们了解他们的工作、他们的宠物、他们喜欢的食物、他们的旅行。

有两个故事是和一个叫艾德的男人有关。第一个故事发生在“眼泪的礼物”中，艾德终于拿到安养院一个令人羡慕的位置。但他还没准备好。他勃然大怒，拿叙述者发火，但随后又被愧疚给压倒，却哭不出来，因为他的泪小管有问题。在第二个故事“行走的礼物”里，叙述者去看望住在安养院里的艾德；她描述自己像以往一样拥抱他跟他说再见：

当我要松开手臂时，他把我抱得更紧。

“很抱歉我最近不是很友好。”他对着我头发说。

“艾德，你很好。”我说。但我知道他的意思。

但他还是抱着我，所以我看不见他的脸。“我不喜欢待在这里了，”他说，“我希望我可以离开。”

“我很抱歉，艾德。”我说。我的脸颊紧靠着他的胸膛。我能感觉到他的肋骨。

“这里的每个人都死了。”他说。

我抱紧了他。我能听见他的脉搏声和心跳声。听起来多么正常。

“记得以前大家老说超人艾德会打败系统吗？”

我点点头。“记得。”

他又抱紧了我，深呼吸了一口气。他肺部的声音听起来也很正常。“所有叫我超人艾德的人都死了。”

《身体的礼物》是1994年出版的。丽贝卡·布朗那些年来一直在写这本书——有超过十年时间——从疾病最早被报道开始，一直到最后奇迹般地有药物可以控制住这种疾病为止，这都多亏了支持者的活动。她写到最开始大家是怎么都觉得这种病可以很快被治好，到接着大家都觉得它永远不可能被治好。（我应该备注一下：现在仍然没有治愈艾滋的方法。）她写到大家是怎么一开始快速死亡，到通过当时的治疗可以活个一两年的，但大家还是会死：**“在他们死后，你会怀念他们。但有时在他们还未死去之前，你就会开始怀念他们，因为你知道他们肯定会死。”**

《身体的礼物》做到了我的记忆不能或不想做到的。它让我想起我当时的感觉。也许甚至让我明白了，那个在切尔西褐石楼小小办公室里接着电话自以为是的二十岁的我，只是常常害怕到不敢去想或是感受而已。

当我真的去回想那段时间时，我试着记住所有我认识的死去的人们。每一个我能想起的人。那才是最重要的。当然，他们是怎么死的很重要；为什么死很重要；有多少人死去很重要。

这些东西都非常重要。但谁死了才是比任何事都重要的。

我想到我的朋友们。我想到我仰慕的人们。而我常常想到那些作家们。世界因为艾滋失去太多才华横溢的作家：保罗·莫奈[①]（Paul Monette）、梅尔文·狄克逊[②]（Melvin Dixon）、罗伯特·费罗[③]（Robert Ferro）、迈克尔·格伦利[④]（Michael Grumley）、阿索托·赛因特[⑤]（Assotto Saint）、斯坦·利文撒尔[⑥]（Stan Leventhal）、埃塞克斯·亨普希尔[⑦]（Essex Hemphill）、维托·罗索[⑧]（Vito Russo）、约瑟夫·比姆[⑨]（Joseph Beam）、布鲁斯·查特文[⑩]（Bruce Chatwin）、约翰·鲍斯威尔[⑪]（John Boswell）、阿图罗·伊斯拉斯[⑫]（Arturo

---

① Paul Monette（1945–1995），美国作家、诗人、活动家，以描写同性关系的文章而著名。

② Melvin Dixon（1950–1992），美国作家、诗人、翻译家，主要描写黑人同性恋的故事。

③ Robert Ferro（1941–1988），美国小说家。

④ Michael Grumley（1942–1988），美国作家、艺术家。

⑤ Assotto Saint（1957–1994），海地裔美国诗人、出版商和行为艺术家。

⑥ Stan Leventhal（1951–1995），美国作家、杂志编辑。

⑦ Essex Hemphill（1957–1995），美国同性恋诗人、活动家。

⑧ Vito Russo（1946–1990），美国同性恋权益活动家、电影历史学家和作家，代表作《“胶卷”衣柜》。

⑨ Joseph Beam（1954–1988），美国黑人同性恋权益活动家、作家。

⑩ Bruce Chatwin（1940–1989），英国旅行作家、小说家、记者。

⑪ John Boswell（1947–1994），美国著名历史学家、耶鲁大学教授。

⑫ Arturo Islas（1938–1991），墨西哥裔美国小说家。

Islas)、兰迪·席尔兹[①](Randy Shilts)、约翰·普雷斯顿[②](John Preston)等等，这只是其中一些。然后还有许许多多读者，他们本可以读更多书，本可以发现、讨论以及被这些书和更多其他作家改变。

在柏林倍倍尔广场上有一座纪念碑，时刻提醒着我们不要忘记1933年5月被纳粹焚毁的书籍。这座纪念碑很容易被错过——它是设置在众多鹅卵石里的一块简单方形玻璃。当你站在玻璃上时，你可以往下看到一个空荡荡的白色图书馆——一个什么都没有的图书馆。设置在广场底下，顶上铺着一块可以让人踩上去的玻璃顶的图书馆，里面是成排成排白色的空荡的书架，足够放置两万本在这里被焚毁过的书籍：阿尔伯特·爱因斯坦(Albert Einstein)、罗莎·卢森堡[③](Rosa Luxemburg)和埃里希·玛利亚·雷马克[④](Erich Maria Remarque)的书。

我们可以读那些被写下的书，像《身体的礼物》这样的书，并记住它们。但我们也可以记住那些从未被写下的书。记住那些没有机会读那些书的读者们。

---

① Randy Shilts(1951-1994)，美国记者、小说家。

② John Preston(1945-1994)，美国作家、编辑。

③ Rosa Luxemburg(1871-1919)，国际共产主义运动史上杰出的马克思主义思想家、理论家、革命家。

④ Erich Maria Remarque(1898-1970)，德国小说家，代表作《西线无战事》。

《小王子》

朋友们

我遇见安托万·德·圣·埃克苏佩里[①]（Antoine de Saint-Exupéry）的小王子时是十一二岁；作为一个接近青春期的孩子，我觉得这本书和书中的主角太让人腻烦。《小王子》（*The Little Prince*）没有迷倒我，小王子也没有。里面到处都是大人和孩子哪里不一样的讨论；里面有一幅看起来是顶帽子其实是一条蛇吞象的插画；里面有小王子从一个小星球出发旅行一路上遇到各种人物的故事：有国王、地理学家、商人，等等。里面有一朵花、一只羊、一只狐狸和一条蛇。里面有我们的叙述者，对于他我们知之甚少，只知道他是一个飞行员，他的飞机迫降在沙漠中，他的时间有限——事实上是八天——在渴死之前修

① Antoine de Saint-Exupéry（1900-1944），法国作家，法国最早的一代飞行员之一。

好引擎。

我们的叙述者讲述了一个他在沙漠中遇到的一个小王子的故事。我们知道小王子是来自其他星球的访客，他把一朵特别的花留在了他的星球上；他很快开始非常担心一只羊会吃掉他的花。

有些我认识的人——朋友，也有成年人——很喜欢这本小书。我记得看见过好几个人（有一次一天内见到过两回）在身上某些地方文着小王子标志性的图画，甚至在文身还未流行起来前。有些人把书中的一些句子刻在了身上："只有用心才能看得清。"该书作者悲惨的结局让这个故事更添深度：安托万·德·圣·埃克苏佩里是一位著名作家，也是一名勇敢的法国飞行员，他在二战期间执行某次侦察任务时失踪。他的飞机跌落在地中海某处，那时他正从科西嘉（Corsica）飞往纳粹占领的法国。事故发生在《小王子》一书出版的一年零几个月之后。

因为青春期前读过这本书，我一直觉得没必要再读一遍。我把这本薄薄的书分配到那个放着一大堆对别人意义非凡但我却没什么感觉的书的书架上。

我相信我们的肌肉、肌腱和骨头里都储存着我们的记忆，这些记忆可以数十年一直被隐藏着。当我手肘撞到餐桌时，会突然记起几十年前发生的一些事，通常都是一些痛苦的记忆：我让别人失望或是别人让我失望的一天，或是我乱发脾气自己感觉很羞愧的瞬间，或是被人责骂的瞬间。被锁在我身体里的通常都不是开心的记忆，而且是痛苦的那些。

去年冬天某个寒冷的日子，我有些坐立不安，然后决定散步去当地一家书店。我走在路边，差点被排水沟里的汽水罐给绊倒。脚踝感觉一阵剧烈的刺痛，我突然间想起了李·哈金斯（Lee Harkins），我九年级的同学，她在十年级的春天死于霍奇金淋巴瘤。我已经好多年没有想起过李，这本身就让人觉得痛苦。

就在那个冷天，我买了《小王子》，理查德·霍华德[①]（Richard Howard）的译本。我不知道为什么。它就被摆在当地的三生联营书店的前排桌子上，我觉得不买不行。我一离开书店，天上就下起那种再厚的衣服都能穿透的冻雨，还有那种横刮的能掀翻雨伞的阵风。所以我去了一家咖啡店等天气好转，然后开始看《小王子》。我读得越多，就越想起李。他们之间并没有什么明显的联系，就是这么发生了而已。

书籍能以出乎意料的方式联系起某些记忆。突然之间，李的故事和小王子的故事开始在我脑海中重合。

李有一头长直发，焦糖棕色——不是小王子的金色卷发。但她有一些小王子的特质：有些好奇心，开放生涩又善良。她并不是我最好的朋友，我们只是那个学期一起去上学而已——

---

① Richard Howard（1929-），美国诗人、文学评论家、散文家和翻译家。

我其实并不是很了解她——但她确实是我的朋友。我觉得我们班八十个人可能大部分人都觉得李是他们的朋友。开学的时候她还没有生病——或者，她可能生病了但自己并不知道。她只是一个普通小孩，一个害羞腼腆、笨拙有趣但活泼好动的小孩，一个受欢迎的小孩。大家都喜欢和她在一起。

我们上的是一所寄宿学校，所以那是很紧张的一年——这是我们第一次离开家。这也可能是我们的关系能迅速亲密起来的原因。有时会像《蝇王》[①]（*Lord of the Flies*）一样，但大部分时候不是。我们变成一个松散的家庭，一周七天一天二十四小时生活在一起。我们入学的时候都还是小天使，大部分时间我们是，然后迅速开始突破极限。守规矩的小孩和不守规矩的小孩之间的界限并没有很清晰。毕竟那还是二十世纪七十年代。

然后我们放了圣诞假。然后我们又回来了。然后我们听到李不回来了。她最好的两个朋友和她联系还很频繁，经常去她家和医院看她。然后，在我们十年级的时候，她去世了。她病了之后发起过一个组织，帮助那些没有办法得到和她一样支持的人们进行癌症治疗，我们还一起捐过款。我们作了一本献给她的年册。然后我们去了大学。我们中有些人，包括我，还时不时联络李的母亲。然后我就和她断了联系。

---

① Lord of the Flies，英国现代作家威廉·戈尔丁的代表作，借小孩的天真来探讨人性的恶这一严肃主题。

当《小王子》中的叙述者，迫降在沙漠中的飞行员，开始与我们对话，他告诉我们如果他开始试着描述小王子，“这样我就不会忘记他。忘记朋友是一件很伤心的事。不是每个人都有朋友的”。

李在三十九年前去世。而小王子在书的最后离开了我们的飞行员和他的飞机，在这之前很多年就已经离开了。但如果，不论什么时候当你抬头看夜空时，会想着是否在某个地方会有那么一朵花可能被也可能没被一只羊吃掉，那么小王子就还是存在着的，那么为什么李不能也还在那里呢？她会比那些也曾是我的朋友但也三十九年不曾见过的同学们离我的生活更远吗？当然，他们还活着。但对我来说他们会更鲜活吗？也许是更不鲜活吧。

小王子在地球的旅行中，遇到一只狐狸，这只狐狸只有一个要求：他想要小王子驯服他。

“我想，”小王子回答道，“但我没有太多时间。我有朋友要找，还有那么多东西要了解。”

“你只会去了解你驯服了的东西，”狐狸说，“人们没有时间去了解任何东西。他们总是去商店买现成的东西。但因为没有可以买朋友的商店，所以人们都没有朋友了。如果你想要朋友，驯服我吧！”

“我需要做什么呢？”小王子问。

“你必须要非常有耐心，”狐狸回答，“首先你要坐得离我稍微远一点，坐在那边的草坪上。我会用眼角观察你，但你什么都不能说。语言是误解的根源。但一天又一天过去，你可以越坐越近……”

就这样小王子驯服了狐狸，他们变成了朋友。

李是我们的朋友。而对我们大部分人来说，十四岁还未习惯死亡，她是我们失去的第一个朋友。

当我坐在咖啡店等冻雨停时，就在想着这些。然后我抬头环顾四周，这段日子在咖啡馆里我经常这么做，我看到一片笔记本电脑的海洋。在公共场所里的每个人都是这样，不管是有伴的还是独自一人的。坐在我旁边的是一对年轻情侣，很明显是在约会。我偷听到一小段紧张的对话。很甜蜜——女孩的长直发不断掉到她脸上，有时还会扫到她的卡布奇诺上，就像一艘船划过一片泡沫波峰。男孩脖子上有一个匕首文身。在几个尴尬瞬间之后，他掏出他的手机，拍拍照或是发短信，然后她也拿出手机；然后他们就这样，在格林威治村（Greenwich Village）的一间咖啡馆里，面对面坐着，看着他们的手机小屏幕约会。时不时地一个人会给另一个人看点什么东西。但大部分时间他们都各玩各的；他们只是一直盯着手中的屏幕。

《小王子》书里有一段，在他遇到狐狸之后，小王子遇到一个卖解渴药的商贩：“一周吞一片，你再也不需要喝水了。”小王子问这个商贩：

“你为什么要卖这种药呢？”

“它们能节省很多时间，”商贩说，“专家统计过一周可以节省五十三分钟。”

“那你要拿这五十三分钟做什么呢？”

“任何你想做的事情。”

“如果我有五十三分钟做我想做的任何事情，”小王子对自己说，“我会慢慢走到一个喷泉边……”

我在一个没有收银机的世界长大，在这个世界里你必须认识酒水店的人，因为如果他们记得你，那么当银行关门时，你可以指望他们给你兑点现金。预订飞机、酒店或是餐厅都需要打电话。如果电话占线或是无人应答，你需要再打一次。那时还没有应答机，做什么事都更花时间。

我并没有更渴望那时的不方便，但我确实好奇时间去哪里了。我本应该有更多时间的。但我没有。而我也不知道自己是怎么花掉自己的时间的。我肯定没有把每天多出来的五十三分钟时间花在慢慢走到喷泉边上。

但我肯定自己浪费了很多时间在比较喷泉上。所有东西都不够好。和我们在一起的朋友没有小镇对面给我们发短信的朋友来得有趣。我们现在的餐馆还可以，但直到我们登上 Yelp 点评网，发现有好几家餐馆的评分更好。我们的智能手机把全世界带给我们，时刻告诉我们在其他地方有更好、更有趣、更刺激、更权威、更时髦、更动人的东西。

我发现自己不断翻看着一段发生在小王子和叙述者之间的对话：

“你那边的人们，”小王子说，“在一个花园里种了五千朵玫瑰……然而他们找不到他们要的……”

“他们找不到。”我回答。

“然而他们找的可能是一朵玫瑰花，或是一捧水……”

“当然。”我回答。

然后小王子补充道：“但眼睛是盲目的。你必须用心看。”

当小王子准备好离开地球和他的身体，回到他来的地方时，他说：“有一个朋友感觉是很好的，即使你会死去。对我来说，我很高兴有一只狐狸做朋友。”

那天读完《小王子》之后，我在咖啡店坐了一会儿，直到冻雨不再下，然后我打算走回家，但我没有。我在城市里游荡。

我尽量小心不扭到自己的脚踝，小心不走太快。我摘掉耳塞，和我生活有关的各种音轨随机涌入我脑中。我不觉得烦躁，反而努力去看，去听。我在努力回想所有和李有关的事。

我们到底欠死者，我们的死者什么呢？也许首先我们需要记住他们。

李活着的时候照相还需要胶片，胶片需要冲洗。关于李的照片，我只有高中年册悼念页面上的她的一张照片。如果不是因为扭到了脚踝，我可能再过去很多年都不会想起她来。现在，多亏了《小王子》，我会永远想起他们。

在李的悼念页面，献词是这样写的：

爱永存。

我们凡人最好的部分，我们的创造永存。

在精神上如此。在其他方面也是如此。

想想当莎士比亚（Shakespeare）的文字或贝多芬（Beethoven）的音乐会因为作曲家的去世而沉寂时，世界会变得多么贫瘠？我们又是多么幸运因为事实并非如此！

每当有小男孩朗诵《哈姆雷特的独白》（*Hamlet's soliloquy*）时……每当有小女孩坐在钢琴边开始弹奏优美的《月光奏鸣曲》（*Moonlight Sonata*）时……关于一种强烈的情感绝妙的思想又再次焕发活力。

思想永存。天赋与才能永存。关爱永存。

爱永存。

最近我又与李的母亲联系上了，在三十多年后。

李的妈妈现在已经退休，从她和李一起创建之后不断壮大的组织的执行官的位置上退下来，从她退休后担任的医院牧师的职位上退下来。那个她和李一起创建的帮助人们接受癌症治疗的组织叫什么呢？名字很简单，叫李的朋友们（Lee's friends）。

《*1984*》

失联

想象一下，如果法律要求，每个公民必须携带一个跟踪器并每小时检查五次。那这跟踪器得无时无刻不离手。法律还规定，夜里你必须把这个跟踪器放在床头柜上，所以跟踪器距离你的身体从来不会超过两英尺(约61厘米)。如果你恰巧在午夜醒来，那么你也该去检查一下机器。你吃饭时得检查，参加体育运动时得检查，看电视时也得检查，甚至看演出、出席婚礼或葬礼时，也要偷偷瞄上一眼。对那些在看演出、出席婚礼或葬礼期间不想检查跟踪器的人，也是可以网开一面的。他们可以在演出、婚礼或葬礼开始前一刻关闭设备，等到活动结束时马上再次打开，然后迫不及待地在从走廊走向出口的路上再检查一下。

再想象一下，无论何时，当你想去听一场音乐会时，法律不允许你去听那种真正的音乐会，而只允许你通过你的跟踪器来欣赏，就好像每场音乐会都是日食，如果你盯着它看就会失明。只有把跟踪器放在眼前，通过它小小的屏幕来观察事物，你才被允许去体验艺术和生活中那些激动人心的时刻。

这种法律将被视作是对我们日常自由的一种疯狂的、奥威尔式的（Orwellian）侵犯。人们会造反，尤其在这种法律不断深入的情况下。试想一下，法律规定的不仅仅是检查设备，你还必须通过发文、发图或是发布链接来更新你的行动情况，让每一个人都知道你去过的一切地方、吃过的所有食物和见到的所有人，而当你不发布这些信息时，设备会自行监测你的行动并记录到远程服务器上——你在哪，你找过谁。你搜索过哪些信息。

当然，这些法律条款并不是必须的，是我们自作自受。

所以，现在我们必须想出周密的办法来阻止自己陷入到这样的行为当中。比方说在饭店用餐时，人们都把跟踪器放到桌子中间，谁先伸手去拿跟踪器，谁就需要为全桌人买单。也可以是有些项目允许你设置计时器，也就是在一段特定的时间内可以一直查看邮件、使用应用程序和执行网络搜索。这些办法中的任一种，在奥威尔的论调里，就被称作自由。**使你自由之物即是限制你之物。**

我们创造的这种文化氛围所带来的损害是显而易见的，但更重要的可能是尝试找出我们为什么会这么做。

仅仅几周之前，我还记得我曾对一个友好的熟人有点恼怒。他在脸书上不断更新，有时你会感到，如果你总是阅读他的更新，就好像你和他在一起生活。通常，我是很喜欢他发布的内容的，他聪明、有趣、才华横溢，写的东西风格也不错。而且，他还有一群热爱互动的朋友，所以你可以通过他的页面看到有趣的讨论。但这天，我在想：受够了，真是受够了他的朋友，受够了他的狗，受够了他的想法。

当然，并没有人强迫我去读他的发文，所以我知道我对他的厌烦是不理智的，但我还是很烦躁。而且很显然，我不是唯一一个这么想的人。有些人必须回应得更强硬，因为接下来的这个说法太令人心碎了。差不多是这个意思：如果你想知道我为什么发文频繁，那是因为我孤独。

我们不断低头去看智能手机，那是因为我们都孤独。

当然，这不是唯一的原因，但确实也是个原因。

我们看手机看得太过频繁，因为我们有瘾，也缺乏耐心，而它可以即时提供我们所需的信息：从读什么书到现在发生着什么，从去哪玩到如何抵达的地图。检查手机来期待新消息、搞笑趣事、让我感到很开心的事情，或是“朋友们”看了我们做的事和分享的内容后为我们“点的赞”和发表的评论，这些可以激发我们大脑中负责愉悦的一些荷尔蒙。

我们总去看手机，因为我们感受到了需求。大多数人的工作不再朝九晚五，如果你是在办公室工作的，那你得保持24小时待命，不断弹出的新邮件等着你去浏览，更别提你的同事总是插嘴的这种更新的交流方式了。如果你不在办公室工作，你也随时得被找得到。这也许是因为你已成为新型经济的一部分，这种新型经济关系里，我们向别人出租时间、才华、汽车、房子、服务来换取定期的加薪。

我们总去看手机，因为我们害怕错过任何事。

我不是勒德分子（Luddite）（就像原来勒德分子也不是勒德分子，他们也不是那么的反对机械设备，而只是抗议失业罢了，这样就很好理解了）。

我发现我的智能手机十分诱人，以各种方式令我的生活变得更轻松，还提供了充分的谈资。我不需要记事，这些信息就在那儿，存在我的备份大脑里。我是快速适应者，也是个很早接受这种生活方式的人，我非常希望用最新的手机来展示自己是如何经营生活的。

但我开始相信，这是一种很疯狂的表现，它令我们本末倒置。

我不禁想起脸书上我那些孤独的朋友们，我担心他们现在为了抵御孤独所做的一切反而会令孤独加剧。紧随每一个多巴胺分子爆发而来的是一个微小的多巴胺后遗症。当大脑发现我们渴求的联系根本没有实际发生的话，我们会变得有点郁郁寡欢。那种感觉就像你想在餐厅点一道爱吃的菜并且立马这样做时，却被告知这道菜刚刚沽清，你只能点别的了。先扬——他们有柠檬酥皮派，后抑——但不是给你的。我们的科技带来与人联系的幻象，但这并非真正的联系。

乔治·奥威尔（George Orwell）准确地预见了我们当今世界的大致情况。

在《1984》里，奥威尔描述了我们的英雄温斯顿（Winston），无论走到哪里都被大哥和他的口号笼罩：战争就是和平、自由就是奴役、无知就是力量。“他从口袋里掏出 25 美分硬币，就是那上面，同样的口号用细小的字母刻在上面，而硬币的另一面则是那个大哥头像。”

温斯顿生活在持续的监视中，但他敢写日记和思考人生，这两种犯罪都可能被处死。一些监视是通过电视屏幕完成的，奥威尔写道：“他想起电视屏幕和它那不眠之耳，它们可以日夜窥视你，但是如果你可以保持头脑清醒，你是可以击败它们的。”其余的监视器则是你周边的人，坐在温斯顿工作的咖啡店里，当他发现一名深色头发的女子正看着他时，他感到“一阵恐怖”。他以前见过她。“她为什么要观察他？为什么眼神一直跟着他？”他尝试想起，当他抵达咖啡店且争论她是否是警察中的一员还是业余间谍时，这人是否已经坐在桌前？

奥威尔勾勒了一个这样的世界，在这里，实际情况就如前面提到的政府的决定。如果有法律规定，二加二是可以等于五的。

在这个世界里，温和的人们购买彩票就像每个人在等待变富的机会。但他没有描绘出一个我们不再监视自己的世界。和我们大多数人不同的是，奥威尔笔下的主人公在尽最大努力逃离他周围的屏幕。《1984》中有一部分写到，当温斯顿和他爱的女孩被困在一间位于城里穷人区一家二手店的楼上房间时，确实曾试图逃离这种监视，或相信他们可以做到。

我第一次读到《1984》是在 1974 年，当时我 12 岁，那时感觉 1984 年不是太遥远，到时我会是 24 岁。这本书令我着迷，尽管书并不是我的。于我而言，这本书和法西斯主义无关，和西班牙内战无关，也和所有我能想得出的各类政治无关。这只会令人毛骨悚然。电视屏幕和显像管把需重写的历史呈现出来，这是件很酷的事情，超感特工和新语言、密谋推翻掌管一切的执政党的神秘兄弟帮。书中我唯一不怎么关心的章节就是和爱情有关的部分，当写到温斯顿和朱莉娅共处一间小房间时，我只是一眼带过。

而当我成年后再次读到这本书，这些章节反倒是最吸引我的内容。其中有句话很特别："温斯顿意识到了安静的存在，就像某人意识到一种新的声音。"

我多久意识到一次安静呢？当我两耳塞着耳机从外面回到家，而电视这时候恰好开着的时候。答案很显然：很少，我错过了意识到安静的机会。很难记起意识到安静是什么样的感觉以及它的一切可能性。

也许这就是无处不在的智能手机和各种小屏幕的真正暴政，是它们剥夺了我们意识到安静的权利。

《一个小赢家的墓志铭》

克服无聊

在原葡萄牙的几个版本里，马查多·德·阿西斯的*the Posthumous Memoirs of Bras Cubas*有着令人回味的言下之意，可以被翻译成“一个小赢家的墓志铭”。在我第一次读到的英文译本中，这个言下之意被直接用做了标题。这就是我所认为的杰出小说，小说的题词上写着“献给第一个咬我鱼的人”。幸亏读了题词，我立刻知道了讲述者已经逝世。[当然，如果我读的是葡萄牙译本或是另一版本的英文译本，原来的标题本应告诉我这些，在我首次读到苏珊·桑塔格（Susan Sontag）的版本的前言时我也本应知道这个事实，她做了很多正确的事情。] 小说被分成160多个很短的章节，而且从一则否认声明切入，在声明里，已经逝去的讲述者告诉我们，他怀疑这本书最多也就能引起5名到10名读者的兴趣。

他的作者，阿西斯，生活并创作于 19 世纪的巴西，是巴西字母学院创始人，也是全国最受尊敬的作家之一。他恰巧还是林语堂最喜欢的一位作家。

桑塔格把《一个小赢家的墓志铭》定位为“风趣的记叙文风格，以健谈的第一人称的讲述来讨好自己和读者”。“表面上，这本书是关于一个生命的，然后，除了叙述者关于社会和心理上的描写，它仍然是一次头脑里的旅行。”她把这本书和马查多（Machado）的最爱《在自己房间的旅行》《*A Journey Around My Room*》做了对比，这本书作者是一位法籍贵族侨民 Xavier de Maistre（他一生大部分时间生活在俄罗斯），文学微旅行的概念就是他被软禁在家时首创的。

在麦斯特（de Maistre）1790 年创作的高度实验性作品中，他描述了在房间里各个位置的旅行，包括他的墙壁、躺椅、桌子。之后又写了很多其他的。

1839 年出生于里约热内卢（Rio de Janeiro）的马查多是位黑白混血。他的父亲是名房屋油漆匠，祖父母当过奴隶。母亲则是为有钱人家干活的洗衣工，是通过亚速尔群岛入境的葡萄牙人。马查多九岁时母亲去世，父亲很快再娶，但几年后双双离世。

马查多几乎是自学成才，幼年就开始痴迷于文学。我所读的英文版本的译者威廉 L. 格罗斯曼（William L. Grossman）

在介绍马查多时增加了大量细节，解释尽管马查多40岁前出版了大量不同体裁的著作（包括戏剧和诗歌），但直到1880年《一个小赢家的墓志铭》这本书出版，他才开始享有盛誉。格罗斯曼还补充说，马查多曾当过政府官僚，娶了位比他大五岁的葡萄牙贵族女子，“这位女子和他生活似乎就是为了和谐和奉献”。他们没有孩子。马查多的妻子于1904年逝世，他于1908年逝世，留下了十二部作品身后出版。

《一个小赢家的墓志铭》就是这样一本出版经历曲折的书。讲述者敷衍性地为此道歉：“毫无疑问，读者们，就像他的伙伴们一样，无疑，喜欢行动胜于反映，毫无疑问，他们安全正确。然而，我还是要提醒他们，这本书写得不紧不慢，从容地描述了一个时日无多的人的从容。”

我们逝去的讲述者被叫作布拉斯·古巴，这是著作原本的名称。他很有点疯狂任性地厌恶人类，桑塔格警告过我（好吧，不只是我，是每一名阅读过著作前言的读者）他可能的样子。他并非多病，也没有疑病症或是又多病又疑病。他只是自大和自私。他的妻子则是一系列的错误、失望和误解。他坚信，他有一项可以改变世界的重大发现，但世界并没因此改变。

这不是位伟大的人物，但他挺现代。

书里充满了古怪。第一章除了圆点什么也没写，被命名为“我是怎样和成为国务部长失之交臂的”。另一章名为“毫无必要”。

其中写道“如果我不是大错特错，我原本会写毫无必要的一章”。对我来说，他没说清他指的是现在的章节还是之前的某章。我不是很确定这信息重要与否。

一个早期的章节成稿于 1814 年，得益于拿破仑的力量。我们讲述者的父亲讨厌这位独裁者，而他的叔叔却喜欢拿破仑。当拿破仑下台的消息传到 Rio 耳朵里（拿破仑第一次倒台时我们的叙事者马上指出来），这间屋子里的人变得“超级兴奋”，他开始为自己写作，那时他才九岁：

那些天里，我创作出一位身佩小剑的角色，那把小剑是我叔叔在圣安东尼日时送给我的。坦诚地说，我对那把剑的兴趣远高于对拿破仑倒台的兴趣，而且这种强烈的兴趣一直伴随着我。我从来没有放弃过这种想法，那就是我们的小剑总是比拿破仑的大剑厉害，请认识到，我活这么大已经听到过很多演讲，读到过很多所谓的大思想和更高端的文字，但是（我不知道为什么），从我嘴里说出的所有祝福的话，有时候会从我的经历当中回应这种观点：不要误导自己，你真正关心的只是你的那把小剑。

我刚读完这段，就决定先停下阅读来找到自我。就像我平时经常做的，刷刷 Facebook、Twitter、 Instagram、Pinterest、Hipstamatic，然后，你就得出了结论。当我看着所有的帖子，感觉被现实冲击了，真的，每一位在社交媒体上所做的事情无非是分享自己的这把小剑。在那里，我也分享我的，在那些大著作、大事件和大思想的世界里，当然，也有些人是在评论，当然，有时候我也在评论。但其实我们更多的是沉醉于日常生活的细枝末节中：我们的简餐、我们的宠物、我们的观察、我们走题的旁白。我们当中那些在旅游的人，分享着航班延误、挫败和焦躁：他们标错了登机口，所以我错过了三次！候机厅实实在在（实际，形象地说，当别人指出来的时候，当继续评论这种频繁的错误，本就是个主要的痛处）是个疯人院！

也许这并没有什么错，也许这正是我们一直在做的，在村庄的林荫道上，在居住的公寓建筑的走廊里，在边溜达边喝着咖啡、给英式松饼抹着黄油并与家人共进早餐的厨房里，“你睡得怎么样？”是我们相互问起的第一个问题，不，是“总统睡得怎么样？”

我们想与陌生人分享我们小剑的欲望不断增长，仅仅和家人和朋友分享已经不够了。增长性地，人们希望他们的小剑像病毒一样传播，也希望这把小剑得到人群的许可，并让大家承认他们的小剑比拿破仑的还重要。

当我在社交网站上发布一些东西，我为什么要这么做呢？我确实不知道。一部分原因是因为受到了激励，各种社会分享项目都很擅长鼓励你加入大家的集体活动当中。一个人可能问你：你在想什么？所以我回答。另一个人跟我说：分享吧。我就分享了。也许它会让你知道这是一个朋友的生日，然后建议你去她那留个言。但是，大多数时候，我没有被它鼓动，我想增加些对朋友的欢乐或痛苦的鼓励和认可或只是表达一种社交的联系。来看看我的小剑，我朋友说。我喜欢你的小剑，我回答。这其实意味着，我喜欢你。

还有，那里有些给我自己或我朋友的先令，去这家商店、买这个东西！

还有一种邮政，推广一种捐赠——平实的或是带修饰的——为慈善或某个事业，帮还是不帮？

我们已逝的叙述者在马查多小说中还提到另外一个角色。“自然，他并不完美，每当做了什么仁慈的贡献，他就会发布一条消息——这是一种应被谴责的或至少不该被称赞的举动，我同意。但他解释说这是件好事情，如果把它公开，其他人就会效仿着做，这是那些无法拒绝被动受影响的人们的一场争论。”

人们还喜欢在社交网络上用座右铭来分享自己的智慧，就好像他们在任何时候都记得这些名言一样。

在小说快结束时，我们逝去的叙事者决定“记下，顺便说下，这几句座右铭”。他把这些座右铭描述为“从无聊中诞生的乏味”，但心里却想“也许一些有抱负的作家会找到用处，把它们当成碑文”。

他们是：

一个人坚持忍耐的东西，是另一个的痛苦。

我们杀死时间，而时间埋葬我们。

一位马车夫哲学家曾经说过，当你一旦能够付得起车钱，你渴望坐上这车的欲望就会大大缩减。

珠宝商说：没什么比孩子们以野人把嘴唇割破并拿一根木头装饰它为乐更可笑的了。

我可以在社交媒体上把这些内容中的任何一条当作我自己的明天来分享，而且它真有可能满腔热情地被接受。就像我们的叙述者说的那样，这些就是从无聊中诞生的乏味。那些想暂时逃避乏味的人就会浏览它们。

当然，我们也知道叙述者不只去世了，而且是虚构的。《一个小赢家的墓志铭》是全球最伟大作家之一、一个讲故事高手的作品，这位高手以令人高兴的、有创造力的、引人入胜的小说来招待我们，这位偏心、无聊、消化不良、令人大怒的叙述者值得获得更多的感谢。这本书有些很神奇的地方，人们说是书让他们大声笑出来，这本书确实让我笑出声了，我通过这种方式为好笑的段落画下重点。如果这本书是无聊的结果或颂歌，那么让它继续。

林语堂写过“也许所有的哲学都是从无聊的感觉开始的”。无论怎样，这是人类一种对理想的伤感、沉思、模糊的渴望的特性。**生活在现实中，人类有能力去梦想另一个世界。**也许人类和猴子的区别就在于猴子仅仅是无聊的，而人类则是无聊加想象的。

《箭术与禅心》

掌握读书的艺术

我最享受读书的时候，是我无意识地读书的时候。是那些让我全情投入到某本书，让我全神贯注、深受感动、目眩神迷的时刻，让平时监控我读书的那部分心神——也许是记录页数或是决定我该继续读多久的——那部分心神也消失不见了。

每打开一本书，我都希望能做到这样。但这是矛盾的一件事。热爱读书应该是想要达到一种你意识不到自己在读书的状态，你与你所读的东西的交流应该是绝对的。至少我是这样想的。

在我对理解这点的追求，也许甚至是为了能够培养这点，我会去寻找与读书有关的书。但大部分书都让我更加在意读书这个过程，而不是减少注意力。这就像关于呼吸的书一样——让我太在意自己的呼吸，结果忘了呼吸。

然后我发现了奥根·赫立格尔[1]（Eugen Herrigel）的《箭术与禅心》（*Zen in the Art of Archery*）。

在读《箭术与禅心》这本书很早之前，我读过罗伯特·M. 波西格[2]（Robert M. Pirsig）1974 年的经典之作《禅与摩托车维修艺术》（*Zen and the Art of Motorcycle Maintenance: An Inquiry into Values*），一个关于父子两人穿越大半个美国的骑行之旅。所以我错误地以为箭术是写在摩托车之后的，但事实正相反：关于箭术的这本书是 1948 年出版的，正是波西格古怪而又奇妙的书名的灵感来源。

《箭术与禅心》是一本薄薄的非虚构作品，原作是德语，由 R.F.C. 赫尔[3]（R.F.C.Hull）翻译成英文。如果你有一两个小时的时间，你完全可以读完这本书。但这不是那种一两个小时就能让人读懂的书。事实上，这是一本也许需要你一生（或更多时间）才能弄明白的书。

故事很简单：赫立格尔是一位来自欧洲的哲学教授，他在日本教书，决定向一位日本大师学习箭术。但他收获的不只是箭术，而是一堂关于禅心的人生课。

他很快意识到，“弓与箭只是一个托词，有些事没有它们

---

① Eugen Herrigel（1884–1955），德国哲学家。

② Robert M. Pirsig（1928–2017），美国作家、哲学家。

③ R.F.C.Hull（1913–1974），英国翻译家。

也一样会发生，只有完成目标的方式，而不是目标本身，和最后关键性的飞跃有关。”

在箭术中，最关键的技术不是瞄准——而是知道如何以及何时放箭；如何以及何时让箭飞出去。没有比这个更重要的；没有比这个更难做对的。

本书大部分时间都在描述赫立格尔不断尝试掌握这项技能：放箭。但本书的核心是赫立格尔如何努力在做一个能向老师学到这项技能的那种学生。

正如他写到的：“日本学生带着三样东西来学习：良好的教育、对选择的艺术的热爱和对老师无条件的尊敬。”

赫立格尔正是这种学生的反面，至少一开始时是这样的。他不断在质问他的老师，想要创造他自己的体系和捷径。

“箭术某种程度上来说仍是关于生与死的问题，是弓箭手与自己的较量；这种较量不是什么微不足道的替代品，而是所有外部较量的基础……”

问题是想要弄明白什么时候该松弓弦是不可能的。他逐渐意识到，不是你决定什么时候让箭飞，是箭自己决定的。这里没有你，只有它。

当他问老师这个问题时，老师用孩子抓住父母的手来打比方。

“你必须拉住弓弦，”老师回答道，“就像一个小孩抓住伸向他的手指一样。他用力抓住父母的手指，甚至让人惊讶这样的小拳头竟会如此有力。然而当他放手的时候，你不会感觉到他猛地放手了。你知道为什么吗？因为孩子不会思考：我现在要放开这只手好去抓住别的东西。他完全无意识、无目的地从一个东西换到另一个东西……”

大师还描述了一片冬天的竹叶被雪的重量压弯，直到雪掉落，竹叶又弹回到原来未被压弯的位置。不是雪决定什么时候离开竹叶的，也不是竹叶决定什么时候抖掉雪的，就这么自然而然地发生了。

“正确的艺术，”大师喊道，“是无目的无方向的。”

赫立格尔最终掌握了放箭的方式，后来甚至还射中了目标。但当他恭喜自己的时候，他的老师再次劝诫他：“你已经知道不要因为射不好而难过；现在要学习不要因为射好了而高兴。”

很快赫立格尔就要搬回欧洲了，他要带回家他学会的东西和他的弓。有一段让我觉得非常有意思的地方，赫立格尔的老师用他的弓射了几箭，但劝告他不要再让别人用他的弓了。因为弓有记忆。

当赫立格尔真的要永远告别的时候，他很担心他会忘记学过的东西。

“当我问老师当我们回到欧洲没有他的指导我们该怎么继续时，他说：‘当我让你参加考试的时候，你的问题就已经得到了解答。你已经到了老师和学生不再是两个人，而是一个人的阶段。只要你想，任何时候你都可以不需要我。即使我们之间隔着宽阔的大洋，当你练习所学的东西的时候，我会永远在你身旁。’”

赫立格尔意识到这堂课也适用于人生其他方面。

箭术与剑术的真谛也适用于其他艺术 。比如，要完全掌握水墨画，只有在技艺娴熟的前提下做到心有所想笔下即有所成，一丝的误差都不能有时才算完全掌握。这样水墨画就像是发自自然的书法一样。这里对画家的指导也许会是：十年光阴都在观察竹子，让自己变成一株竹子，然后忘记所有——开始画。

我试过射箭。我的技术非常差。我唯一一次射中靶心，还是阴差阳错射中的；实际上我脱靶很远，射中了旁边人的靶心。很神奇我没有射中人。我赶紧在射中人前放下我的弓，然后再也没拿起来过。

因此我决定听取作者的建议，用我在这本书中学到的东西在我最喜欢的地方进行尝试：读书。这么做的前提是我得相信读书毫无疑问是门艺术。然而，学校常常把读书当作一门技巧，向孩子们的小脑瓜里反复灌输字母表，让他们迷上拼读法。我承认有不同的阅读速度、理解程度和阅读方式——深读与浅读。

但本质上，读书被当作某种二分的东西。如果有人问你是否会读书时，他们期望的是一个是或否的回答。

但我认为读书要远比这个复杂而又简单得多：每次读书你都是在学习如何读书。读书是一门我们一辈子都在练习的艺术。不像试鞋子——而是像水墨画、插花和，没错，箭术一样。有些作家让读书这门艺术变得容易，有些让它变得更难。每个作家都在教我们如何读书；每本书都在教我们如何读书；我们在教自己如何读书。我们读得越多，我们就读得越好。每读完一页，我都是一个比刚开始时更好的读者。

所有这些都是想说明，关于读书这门艺术，只有一种练习方式——那就是读。

林语堂也认为读书是一种艺术。在《生活的艺术》（*The Importance of Living*）一书中有一章写的就是“读书的艺术”。林写道：“**那个没有养成读书习惯的人，以时间和空间而言，是受着他眼前的世界所禁锢的**。他的生活是机械化的，刻板的；他只跟几个朋友和相识者接触谈话，他只看见他周遭所发生的事情。”

在实际的一面，林认为读书让我们得到一种“优雅和风味”，但他很小心地警告我们不要为了自己而读书。“一个人如果抱着义务的意识去读书，便不了解读书的艺术。”

他引用古代学者袁中郎[1]的话："所不好之书，可让他人读之。"

而他还谨遵这条劝诫："所以，世间没有什么一个人必读之书。因为我们智能上的趣味像一棵树那样地生长着，或像河水那样地流着。只要有适当的树液，树便会生长起来，只要泉中有新鲜的泉水涌出来，水便会流着。"

在《生活的艺术》的最后，林介绍了十七世纪以警句闻名的作家张潮[2]的读书智慧。这里是张潮关于人生不同阶段读书的感悟："少年读书，如隙中窥月；中年读书，如庭中望月；老年读书，如台上玩月。皆以阅历之浅深，为所得之浅深耳。"

对林来说，读书"有二方面，一是作者，一是读者"。林认为选择喜爱的作者不是一件小事——这种选择非常艰难，正如选择对的老师学习箭术一样。

"我认为一个人发现他最爱好的作家，"林写道，"乃是他的知识发展上最重要的事情……一个人必须独立自主去寻出他的老师来，没有人知道谁是你最爱好的作家，也许甚至你自己也不知道。这跟一见倾心一样。人家不能叫读者去爱这个作家或那个作家，可是当读者找到了他所爱好的作家时，他自己

---

① 袁宏道（1568-1610），字中郎，明代散文家。"公安派"代表人物，提出性灵说。

② 张潮（1650-约1709），清代文学家，著有文言短篇小说集《虞初新志》等。

就本能地知道了。”

最后，林谈到读书的时间和地点的问题：“读书没有合宜的时间和地点。一个人有读书的心境时，随便什么地方都可以读书。如果他知道读书的乐趣，他无论在学校内或学校外，都会读书，无论世界有没有学校，也都会读书……”

“那么，什么是读书的真艺术呢？简单的答案就是有那种心情的时候便拿起书来读。一个人读书必须出其自然，才能够彻底享受读书的乐趣。”

这就是如何掌握箭术的方法。

《所罗门之歌》

仰望伟大

我有一个朋友，他是我认识的人中书读得最多的，他不仅是退休后读得多，他一辈子都保持着这种狼吞虎咽的读书劲头。他是一位剧作家、大学教授，他热爱读书。但他也是我认识的最有精力爱冒险的人之一，二战期间他曾在摩洛哥（Morocco）和欧洲的美国海军情报局服役，他的足迹遍布全世界。他还是一个游泳能手，非常喜欢水。他有着古典式的英俊外貌，古怪的幽默感，独树一帜、睿智渊博的性格，但他却不会到处显摆而是让周围的人感觉和他一样聪明。他是我们一家人最好的朋友。他的朋友遍布各行各业各个年龄层。他在临终前几天还在和世界各地的人保持着大量的书信往来，他每天都能收到许多明信片和信件。他还有一份打印版的日记，从青少年时期一直记录到他去世前。他拍下过并保存有数千张照片。

在上半个世纪或者说他这一生，我的朋友收藏了大量的书，有数千册。但当他快七十岁时，他开始或卖或送走了大部分藏书。而当他快到八十岁时，他决定从此只留下一百本书。对大部分人来说，一百本还是很多了。但对一个爱书爱了一辈子的人外加是一位退休教授来说，一百本根本不算什么。为了减少藏书量，他给自己定了一条规矩：如果他要留下最近读过的某本书，他必须从一百本藏书中选一本送走。

我的这位朋友在他八十岁初时去世，死于一次中风。他留下的一百本藏书给我们这些爱他的人留下了一个他人生最好的写照：一本由书而不是词语构成的自传。因为热爱旅行，他的书架上摆着伊莎贝拉·伯德①（Isabella Bird）、威弗瑞·塞西格爵士②（Sir Wilfred Thesiger）和简·莫里斯③（Jan Morris）的旅行书。因为挚爱摩洛哥，简·鲍尔斯④（Jane Bowles）、保罗·鲍尔斯⑤（Paul Bowles）和穆罕默德·马拉贝⑥（Mohamed Mrabet）的书也在他的书架上。他是研究萧伯

---

① Isabella Bird（1831-1904），英国著名女探险家。

② Sir Wilfred Thesiger（1910-2003），英国著名探险家、游记作家。

③ Jan Morris（1926-），英国历史学家、旅行文学作家。

④ Jane Bowles（1917-1973），美国女作家、剧作家。

⑤ Paul Bowles（1910-1999），美国侨民作曲家、作家和翻译家，常年旅居摩洛哥。

⑥ Mohamed Mrabet（1936-），摩洛哥作家、艺术家。

纳[1]（George Bernard Shaw）的学者。因此他耍了一点小花招：共六卷的《萧伯纳戏剧全集》（*Bernard Shaw: Complete Plays with Prefaces*）被算作百本藏书中的一册放在书架上。里面还有关于摄影的书，比如《黛安·阿勃丝：启示录》[2]（Diane Arbus: Revelations）。

大部分的书都很古怪——不是世人普遍认同的伟大作品，但对我的朋友来说确实有着不同的含义。对马提尼酒的热爱让他在书架上放了几本介绍这种经典鸡尾酒历史的书。他一辈子都很痴迷法国外籍军团[3]（French Foreign Legion），这意味着 P.C. 雷恩[4]（P.C. Wren）1924 年出版的《火爆三兄弟》（*Beau Geste*）的初版一直都是他的珍藏。他的书架上没有留下很多小说，但在这少数几本小说里就有托妮·莫里森[5]（Toni Morrison）的《所罗门之歌》（*Song of Solomon*）。

我记得这些年来和他一起讨论《所罗门之歌》的情形，最早的时候我还在读大学。他比我早几年就读过这本书，在它 1977 年出版不久后就读过。

《所罗门之歌》是莫里森的第三本小说。1993 年，在她

---

① George Bernard Shaw（1856–1950），英国现代杰出的现实主义戏剧作家。

② Diane Arbus（1923–1971），美国摄影师，美国新纪实摄影最重要的旗手。

③ 创立于 1831 年，由外国志愿兵组成的陆军正规部队。

④ P.C. Wren（1875–1941），英国冒险小说作家。

⑤ Toni Morrison（1931–），美国黑人女作家。

完成六本小说之后，荣获诺贝尔文学奖。在此引用瑞典文学院（Swedish Academy）的评价：诺贝尔文学奖得主托妮·莫里森，她“在小说中以丰富的想象力和富有诗意的表达方式使美国现实的一个极其重要方面充满活力”。前美国桂冠诗人丽塔·达夫[①]（Rita Dove）在2015年美国国家书评人协会奖[②]（National Book Critics Circle Award）的发言中称莫里森“不仅是一位散文大师，也是一位掌握诗歌情感与抒情语言的大师：她对语篇、俗语和方言的影响，改变了我们对通往内部意识的复杂路径的感知”。

我嫉妒那些还没有读过《所罗门之歌》的人。我永远忘不了第一次读这本书的感觉，一页又一页，我的胸口和喉头越来越紧。

这部小说主要是讲主人公戴德（Dead），绰号奶娃（Milkman）从北到南的迁移之旅，与当时二十世纪美国黑人从南方乡镇搬到北方城市里的“大迁移”正好相反。文中始终贯穿着飞行的画面——为了从危险中逃离的飞行，以及象征着自由的飞行；用脚走着的飞行和在空中的飞行。《所罗门之歌》是一部主人公时刻在移动的小说。

---

① Rita Dove（1952-），美国女诗人、作家，第一个获得美国桂冠诗人称号的黑人。

② 美国最权威的文学奖之一。

重读这本书的时候，我注意到第一次阅读时完全没印象的地方，那就是奶娃的姑妈，彼拉多（Pilate）的一生在这本书中的作用。彼拉多不寻常的地方之一是她没有肚脐，因此其他人始终躲着她，把她从一个地方赶到另一个地方去。她基本上什么都没带就上路了：只有几块石头、一轴线和一本书——一本地理书——不仅陪伴着她，也指引着她。

但即使她没有被赶走时，她也变得越来越躁动不安，感觉不得不继续上路，从一个地方移动到另一个地方："就好像是她的地理书给她打了标签，让她漫游全国，让她踏足到一个个粉的、黄的、蓝的或绿的州府。"

只有一本书，却打开了整个世界。

我还记得这位朋友和他的一百本书让我想到，如果我决定也这么限制我自己的藏书时，我该精减掉哪些书呢。即使我只能留下十本书，《所罗门之歌》也必然是其中之一。在我飞往拉斯维加斯的那趟颠簸航班上，它就在我推荐给那位西点军校学员的书单顶端。

我和我丈夫住的公寓里塞满了书。我们俩都收藏书。公寓里到处都是我们的书。每张桌子都是一个书架。地板也是一个书架。从一个地方走到另一个地方需要小心地在随意堆放的书堆中穿梭，那些书一本叠一本，完全不按大小形状排放。

每当我撞倒一堆书时，零和书架的想法就变得格外诱人。

但这并不仅仅是出于收纳空间的考虑（我有时也在电子书阅读器上看书，显然没有理由要删减那里的藏书）。这是一件很有挑战的事——好的挑战——去整理自己的一百本图书馆。这会迫使你去思考哪些东西对你来说最重要。我很喜欢一个英国广播节目，叫荒岛唱片（Desert Island Discs），在里面嘉宾必须解释她或他会带哪八张唱片去荒岛。选择你自己的一百本书就像广播节目荒岛唱片一样，不过是把唱片换成了书。

我喜欢我稀奇古怪的藏书，正如我的朋友喜欢他的藏书一样。它们是我的一部分，它们大部分赢得了在我书架上的永久席位——即使我稍后要决定我的书架只能留下一百本书。我也喜欢平庸的快乐——一读完我就会送给别人的普普通通的书，让其他人也能享受阅读它们的乐趣。

但当我看着我的《所罗门之歌》时（当然是放在真正的书架，而不是地板上），我记起读到某种真正伟大的东西的感觉，从而激发我去寻找更多可以与之匹敌，可以放在同一个书架上的同样伟大的书。

《小生活》

拥抱

我花了三天时间，读了柳原汉雅（Hanya Yanagihara）的《小生活》（*A little life*）。虽然是部长篇小说，我身临其境地体验了角色的生活，与他们感同身受，捧着书不想放下。我很少吃饭，不接电话，不查邮件。人们总说到疯狂阅读，我就是这种状态——读这本书的时候，我几乎忘记自我，有点痴迷。快接近尾声，我请了病假方便读完全书。读完之后，我想——我渴望——和其他读者进行讨论。一位朋友告诉我，读完后她只想要一个拥抱。我不想拥抱，只想讨论。但这是因为我太不喜欢拥抱。

现在，世界上有很多人喜欢拥抱。可能是因为我们活在一个技术化的时代，人们渴望肢体接触。和你不熟悉的男男女女在打招呼和分别时拥抱你；小朋友在学校相互拥抱；甚至以前在商务会议中有几面之缘的人也会在会议中拥抱你（虽然如果是同公司同事便不会）。我真的不喜欢我丈夫外其他人拥抱我。人们认为这是一个性格缺陷。甚至有位朋友花了一个小时用他的分析来讨论为什么我不喜欢拥抱。我猜他是觉得我针对他。

每当我看到自闭症谱系相关报告时，其中经常提到的一个症状是反感接触。我现在明白了，极端点说，这种反感很有可能成为大问题。但是部分人不喜欢和他人过多接触也是正常的。我们不想接受时不能强迫我们，或者被批判为不友好或者冷漠。你既可以是温暖地拒绝拥抱，也可以冷漠地喜欢拥抱。

林语堂也不喜欢拥抱。他甚至不喜欢握手，在“一些古怪的西方习俗”一章中，他对握手愤愤不平。“我认为握手是所有荒唐的西方习俗中之最……出于卫生和其他原因，我反对这一习俗。”他先提到卫生问题——一名患肺病的陌生人对着自己的手咳嗽，然后伸手抓你的手——之后又谈了通过她或他和你握手的方式判断新认识的人的性格这整个问题。“一些小说作者称你可以通过握手方式来判断一个人的性格，判别果敢、羞怯、不诚实和软弱，以及黏糊糊的、让人本能退缩的手。我不希望每次见面时都需要分析一个人的道德特点，或者通过力度增加或减少来判断他对我的好感度。”

我在读爱德华·T. 霍尔（Edward T. Hall）的《隐匿的尺度》（*The Hidden Dimension*）前，从未过多思考过拥抱。霍尔是一位文化人类学家，在大学教书，同时也在政府部门供职，为即将离境的外交人员做顾问。霍尔最伟大的见解之一是对个人空间的态度既和个人相关，也和文化相关。比如，在意大利，他发现在交谈时人们彼此距离很近。在美国或者说在更喜欢拥抱的美国，同样情况下，人们会保持距离。他描述，一个意大利人和美国人在一个鸡尾酒会上，基本是意大利人追着美国人满屋跑，因为美国人想要保持一定的距离而意大利人想要缩短距离。

霍尔还在我们对所处空间的感受方面提出其他文化不同的领域。比如，他发现德国人喜欢把办公室的门关起来工作。在德国，办公室门开着意味着你没有在工作。然而美国人却开着门工作。关着门表示正在讨论敏感话题或秘密——或者在搞阴谋。所以德国人和美国人在带独立办公室的传统工作场合一起工作时，美国人认为德国人想暗中使绊子，而德国人认为美国人在磨洋工。

霍尔早期还讲述了动物天性如何精确为自己留出空间——比如，飞行的鸟类。他讲述了如果你侵犯了它们的领域，哪怕只有一点，都会让它们变得凶残、相互攻击。还有一些简单事物，如房间内或公共空间内家具的摆放如何改变其中发生的一切。火车候车室等空间内的座位固定设置为数行，而在欧洲人行道上的咖啡厅拉近人们的距离，霍尔对比了前者缺少交流的情况和后者。

在这本书接近中间的一章，霍尔转到了空间的语言——然后是空间的文学。他写道：“作家和画家一样关注空间。他们在感知交流上的成功是依靠通过使用视觉和其他线索表达出不同程度近距离。根据语言的全部作用，这是可能实现的，因此研究文学可能得出空间感方面的数据，根据这些数据，我可以检查从其他渠道得到的信息。”他之后援引了《李尔王》（*King Lear*）、亨利·戴维·梭罗（Henry David Thoreau）的《瓦尔登湖》（*Walden*）、及塞缪尔·巴特勒（Samuel Butler）的《众生之道》（*The Way of All Flesh*）中的段落，以及马克·吐温（Mark Twain）、圣·埃克苏佩里（Saint-Exupéry）、诺贝尔奖获得者川端康成（Yasunari Kawabata）和弗兰茨·卡夫卡（Franz Kafka）。

下面是他从《瓦尔登湖》中援引的段落：

我也曾感到我的这样小的房间不大方便，当客人和我用深奥字眼谈着大问题的时候，我就难于和客人保持一个适当的距离了。

你的思想也得有足够的空间，好让它准备好可以起航，打两个转身，到达港岸。你的思想的子弹必须抑制了它的横跳和跳飞的动作之后，笔直前进，才能到达听者的耳内，要不然它一滑就从他的脑袋的一边穿过去了。还有，在这中间我们的语句也要有足够的地盘来展开它自己，排成队形。个人，正像国土一样，必须有适度的、宽阔而自然的疆界，甚至在疆界之间，要有一个相当的中立地带……在我的屋子里，我们太接近，以致一开始听不清话……如果我们仅仅是喋喋不休、大声说话的人，那么，我们站得很近，紧紧挨着，彼此能相嘘以气的，这不要紧；可是如果我们说话很有含蓄，富于思想，我们就得隔开一点，以便我们的动物性的热度和湿度有机会散发掉。

霍尔援引这一段梭罗的文章以支持他之前提出的论点，“他对需要远离嗅觉和热量区域的敏感（即在该区域内能闻到他人的呼吸，能感觉到他人身体的热量），以及他支撑着墙壁来获取更大的空间，以便说出深刻的思考，这两点强调了部分无意识的距离感和拉开距离机制”。

我们都拥有这些机制——它们是由文化及先天性和后天性深深镌刻出来的。我们在空间内的动作不同。有些人大摇大摆——好比联谊会上的男运动员跳起来彼此撞胸——同时这一整天都保持不变，大胆相信我们不仅有权占领我们站立的地区，还有权占领周围的空气。在地铁上、飞机上、公园里，看到有些人，通常但不全是男性，占用他们周围的区域：伸开双腿或展开手肘或张开双脚，我总会很惊讶。其他人则自我蜷缩，经常待在房间的边缘，最后一排，不去听音乐会，不去看球赛，不去任何肯定会触碰他人的地方。

霍尔还援引了塞缪尔·巴特勒（Samuel Butler）的小说《众生之道》（*The Way of All Flesh*）中精彩的一段，即一位母亲通过近距离来让儿子忏悔。通过坐在他旁边，“握着他的手并放在母亲自己的手中”，母亲让儿子所处的地方符合她的想法和需要。母亲抚摸着儿子的头发，儿子变得内疚和焦虑——然后他退缩了，他母亲立刻就可以发现这点。近距离既代表爱，也代表危险。霍尔之前提出，狮子爬上凳子仅仅是由于它在跟踪侵犯了它私人空间的驯兽师时，凳子挡了路。这类私人空间可以用厘米来测量——霍尔称之为“临界距离”。靠近一步，狮子便会跳起来扯断驯兽师的喉咙。退后一步，狮子还会乖乖待在凳子上。

在《小生活》中，柳原汉雅写了 4 个朋友从大学毕业到中年的故事。其中两个最极端的性格在空间上处于谱系的两端。其中一人叫 JB，一名艺术家，他性格热情，喜欢占用空间，而另一人裘德（Jude）极不喜欢别人碰他。在小说的进程中，裘德有时允许别人靠近，有时不允许。裘德最好的朋友叫威廉，是一名演员。作者描述，“有一次，威廉看到裘德时，走过去拥抱了他，距离非常近，威廉知道裘德不喜欢，但是威廉已经决定要开始这么做。”然后，也是关于裘德，“他在被人触碰后变得极度不安，尤其是……被他的导师哈罗德触碰；一个月前哈罗德来看望裘德时，裘德几乎是直接闪开，以免哈罗德拥抱他。”哈罗德和威廉意识到裘德不由自主会这样。后来的场景中，裘德拒绝哈罗德的拥抱时，威廉为哈罗德感到惋惜，所以他走过去拥抱哈罗德。

《小生活》是我读过的书中最引人入胜的，也是最令人苦恼的。你从小说的字里行间知道裘德幼时经历的身体虐待和性虐待，这些虐待给他留下了深深的伤痕，迫使他继续伤害自己。实际上，裘德伤痕累累——来自他的童年和自身的残缺。他的内心也支离破碎——他相信他的每一方面都令人排斥。然而读者知道他很美，很坚强。读者了解他的速度比他的三个好朋友快很多。很多后续的故事在讲他是否能打开自己，和朋友分享生活中的点滴。同时，只在最后才和读者分享了他幼时决定性的事件。

这本小书问了一个大问题，有关我们逃离过去的能力。但是同时，它也讲述了一个故事，充满难以置信的痛苦和折磨。小说的故事也关于友谊的变革性和持续性的力量。有一个收养的情节让我流泪——开心的泪水。然后又出现意外让我彻底被击垮。

我们在说一件艺术品影响我们的情感时，我们总会说它触动我们，或者它感动我们。这就是说，它侵占了我们的空间或让我们改变自己的空间。

最后，《小生活》一书中最让我感动的是裘德的朋友们与他不愿意被别人碰的意愿做斗争，数十年一直忍受他保守秘密的决心，不管这个决心健康与否。我们在什么时候应该干扰朋友的生活？痛苦的特权有哪些？什么时候卸下自我保护，什么时候会成为情感绑架？这些都是小说中提出的问题。

我们都需要空间。部分人需要的比其他人更多。对于部分人，比如裘德，理由很充足。对于其他人，比如我，仅仅是因为我们比较怪异的本性。

爱德华·T. 霍尔没有评判价值观。他仅仅做了观察。在动物世界，他写道："有些物种彼此依偎，需要肢体接触。其他完全拒绝触碰。没有明显的逻辑决定哪种物种属于哪一类。喜欢接触的生物包括海象、河马、猪、棕蝠、长尾小鹦鹉和刺猬。马、狗、猫、老鼠、麝鼠、老鹰、棕头鸥不喜欢相互接触。非常奇怪的是，相近的动物可能属于不同种类。大型帝企鹅喜欢接触……而小一点的阿德利企鹅不喜欢。"

要承认，我不喜接触，但是书本一次次告诉触动他人不需要实质接触。如果你过来拥抱我，我的反应可能和裘德一样——比林语堂在解释为什么不喜欢握手时的理由好不了多少。但是如果你给我讲了一个发自肺腑的故事，不管是亲口讲述还是打印的，你都能触动我。

《一只鸟又一只鸟》

敏感

有一次，我和朋友在一起，她突然说："我很无聊，很生气。"我问她为什么突然说这些。她告诉我，和我坐在这里很无聊，生气是因为她想出去散步但是没人陪她一起。我认为她的坦诚很了不起。当时，我想起了一个大学的朋友，她上了一门生活课程，叫指导中心。这个课程很快就被证实是一个可怕的邪教。她骄傲地宣布，多亏这个项目，现在她能够告诉他人她对他人真实的想法。如果她生气了，她会直说；如果她对别人动心，她也可以直接表达。我运气不错，两边都和我无关：她既没有对我动心，也没生我的气。

我想问她，如果同时对同一个人动心和生气，她会怎么做，她会怎么说？我还很好奇她是否允许有愤怒和心动以外的其他感受；似乎并没有。

对比这两位朋友，我意识到：了解其他人的想法总是有用的，但是有时候保留自己的想法也不失为好办法。

人的一生中，很多时候都用来猜测周围他人的情绪。我一小时前给别人发了信息，现在她都没回。是不是她在生我的气？我认为她的手机信息回复不太连贯，我经常在她脸书（Facebook）的状态下点赞，她却从来不给我点赞。我是不是做错了什么？他们邀请了所有人过去，却不邀请我。我们是不是有矛盾？她是不是对我翻白眼？为什么他邮件签名以前是“最温暖的”，现在变成了“最好的”？

我们生命中的很多时候都饱受内心煎熬；我们想和他人分享但却放弃，因为害怕别人认为我们脾气暴躁或小心眼，或仅仅因为我们更宁愿保持安静。有时候，我们可能表达了自己情绪时会觉得焦虑。[好莱坞喜欢制作一种电影，里面一个角色突然只能讲真话。之后混乱接踵而至。要了解这类题材，可以看一下金凯利（Jim Carrey）1997年的电影《大话王》（*Liar Liar*），讲述了一名律师突然发现自己不能撒谎了。]

我们和他人交谈的频率比以前高，每天多了几百次互动的机会，每次都足以造成误会。

那我们怎么办呢？怎样平衡对他人粗鄙的漠不关心和活在不断担忧我们是否得罪别人，平衡让他人知道我们的感受和让他们承担不需要或不想要知道的信息？

当遇到这些问题时，我总会向安妮·拉莫特（Anne Lamott）寻找指导。我从她的九部非小说书籍中得到的实用哲理比从其他任何现世的作家那里得到的都多。在她的非小说作品中，她融合了回忆录和建议，记录她自己基督信仰的进化，她走过毒瘾和清醒的旅程，她沿途怎样建立社区和家庭——她直白地告诉读者她得到的教训和她必须学的内容。她写的书有关于父亲因癌症去世、她儿子一岁、她成为她孙子的祖母。她讲述了患有癌症和ALS(肌肉萎缩性侧索硬化症)的朋友的故事。她告诉你她的真实感受。

拉莫特的书《一只鸟又一只鸟：写作和生活指导》（*Bird by Bird: Some Instructions on Writing and Life*）是少数几本我每隔几年就会读一次的书。书中提出了很多建议似乎受众都是作家：关于写下低劣的（正如我祖母常说：抱歉用了法语）首篇草稿（在纸上写点东西）；关于完美主义的危害；关于你会怎样嫉妒比你成功的作家，以及你必须处理这种情绪。但是，正如副标题所承诺，所有的建议不仅适用于写作，也适用于生活。

在故事中最有用的哲理之一来自一个故事，故事中拉莫特解释了她为这本书取了一个怪名的原因：

三十年前，我的哥哥当时10岁，他试图记录鸟类，他本来有三个月的时间去记录，后一天就是最后一天了。我们住在户外，住在我们家在波利纳斯(Bolinas)的小屋，他在厨房里的桌子旁，几乎快哭了，周围全是活页纸、铅笔还有关于鸟类未开封的书籍，他在巨大的任务量面前毫无动力。然后我父亲在他旁边坐下来，双臂环绕着我哥哥的肩膀，说“一只鸟又一只鸟，小兄弟，一只一只地写”。

所以，每次我认为任务处理起来很艰巨或我拖延太久、希望全无时，我就会想起安妮、安妮的哥哥和他们的父亲——然后我开始工作，像一只鸟又一只鸟。整理公寓（通常类似兄弟会房屋，到处都是短裤、脏杯子），因为有客人一小时后会来。怎样完成呢？一只鸟又一只鸟，或者更准确地说：一条短裤又一条短裤。

安妮·拉莫特让读者体验了她的及别人生活中的道德和精神以及实际难题，包括她认识的人，也包括她在书中读过或新闻中看过的人。在她探索自己和他人的生活时，她给了我一份地图，让我自己走过自己的生活。我母亲因癌症去世前，我们都选择了《旅行怜悯：关于信仰的思考》（*Traveling Mercies: Some Thoughts on Faith*），我首次阅读这本书是 1999 年刚出版时。拉莫特写道，最好的两种祈祷非常相似：“帮帮我，帮帮我，帮帮我。”和“谢谢你，谢谢你，谢谢你。”我母亲最后的几个月中，我无数次使用这两种祈祷，虽然我没有祈祷更具体的福祉，比如和我母亲多待几个月。

在稍微新一点的书《帮助、感谢、哇：三种必需的祈祷》

（*Help, Thanks, Wow*）中，她加了第三种祈祷：题目中最后一个词“哇”。这个祈祷词帮助你承认周围一切惊奇事物和福祉：春天的花瓣、博物馆里一幅乔治亚·欧姬芙（Georgia O'Keeffe）的作品、弗雷德·阿斯坦（Fred Astaire）或皮娜·鲍什（Pina Bausch）的一支舞。还有“小写的哇”——比如“劳累一天后干净的被褥”。还有“大写的哇，优胜美地、烟火”。不管是大写还是小写的哇，或者是否是哇都取决于我们自己。我努力每天至少想起一次“哇”的祈祷，但总会忘记。比起单纯地偶尔停下来承认我们身边有多少值得敬畏，生活不顺的时候更容易想起祈祷，或者我们刚刚获得了一份礼品。

安妮·拉莫特说过这些，但更重要的是她的表达方式。我喜欢她在书页中的声音、她的坦诚：她敏锐而温暖、讽刺而温柔。她比我年长，但仅差八岁，但是她有一种很难得的睿智，让我想起了我生活中重要时刻认识的几位更年长的人。最重要的是，她让我想起了我祖母的朋友爱丽丝（Alice），她用四个字母的单词（在我祖母听力范围内），她可以吞掉木质火柴棍然后又吐出来。爱丽丝会告诉我事实，她会直接告诉我，她会倾听我必须说的话语，她从未泄露我的任何秘密，这些方面她总是很可靠。安妮·拉莫特就是这种人。

爱丽丝可能实际上和安妮·拉莫特现在的年纪差不多。这一点很有趣。对十岁的我来说，爱丽丝似乎很古老了，就像我生活中最年幼的人现在对我的印象。

安妮·拉莫特可以把书的内容写得与别人毫无瓜葛，或者更确切地说，与每个人息息相关。前一分钟你还在对着一幅生动画面微笑——她在《一只鸟又一只鸟》的开头把她自己描写成一个走路时“像理查德·尼克松那样肩膀缩到耳朵”的小女孩。然后她又讲了一两个笑话——内容是她很明显是最可能成为连环杀手的小孩，或者她有“很多只猫”。但是，她开始深入讲述杀人时：“反而我变得有趣了。是因为男孩子，比我年纪大的男孩子，我根本不认识。他们会骑着单车嘲笑我奇怪的外表。每次都像驾车枪击。我认为这就是我走路像尼克松的原因：我想我可能是努力用肩膀塞住耳朵，但是肩膀没有那么高。”

拉莫特的父亲是一名作家，她也希望成为作家。她意识到“当作家最好的地方之一是给了你做任何事、去不同地方、去探索的借口”。还有个好处是，在生活跌跌撞撞、肆意踩踏时，写作让你更近距离地观察生活。拉莫特的父亲相信写作——就像阅读——教你如何留意。要成为安妮·拉莫特那样的作家，你需要变得敏感，但是也可以说，她的写作方式让你更敏感。

令人悲哀的是，并不是所有人都认为敏感是一个优点。对儿童来说，这没问题——只要不像拉莫特那样被贴上“过度敏感”的标签就行。在她 2013 年发售的新书《缝合：意义、希望和修复手册》中，拉莫特写道：

如果你成长于二十世纪五十年代或六十年代，并且知道世界有多可怕，比如在伯明翰（Birmingham）、越南和家里你父亲抽烟的角落，别人就会认为你敏感过度。有一些书全书都以敏感过度的儿童为主题。这个词的意思是你注意到你父母的不开心或疯狂。同时，你担心全球饥荒、兽栏里没人收养的动物和烟雾。太疯狂了！你深入观察事物，你注意到别人注意不到的地方，所以触怒了父母和老师。他们说，“你的皮应该再厚点！”这样简直太好了，但是在杂货铺买不到厚脸皮。

每个健康、半醒的人都会偶尔为不公平感到伤心，为世界上百分之九十五的人感到忧心。但是，如果你有所反应，或者甚至仅仅提出来了，你就是在杞人忧天。

成年人身上很少贴上“敏感过度”的标签，主要因为如果人们说某个成人“敏感”，他们主要是贬义，加上“过度”太多余。“敏感”本身就很不好；**“敏感”代表敏感过度。**一个人可能提出的任何关切，比如，没人理会办公环境，因为“抱怨者”太敏感了，才提出这个问题。如果他提出的关切不符合多数人，更是这样。大多数人没有经历过的问题总被认为根本没有问题。如果是，肯定没人做错，错的是接收人的直觉太敏感。“你太敏感了”的意思是“大家都认为是琐事，只有你在抱怨”。简单来讲就是“你抱怨的是你关心的，我们不关心，因为我们对你毫无关心”。

有时候，大家指责我太敏感时，我崩溃过。有时候，我更笃定，争论我的观点。你可以试着解释为什么他人认为细微的事情对你如此重要，你可能会成功，可能会失败。

但通常事情没那么清楚。某人提出一个关心的问题，其他人可能会承认，但是真的有人听进去了吗？有什么改变吗？

所以问题继续——什么时候可以说出我们的想法，什么时候不说，什么时候我们太敏感，什么时候过度敏感？

在《缝合：意义、希望和修复手册》一书中，拉莫特写道："我希望有得到智慧和认识自我的捷径：美丽的海洋之旅或三天野外水疗体验。但是，并没有什么用。所以我痛恨这样。"

我很高兴听拉莫特说她痛恨这样。我也是。

《蝴蝶梦》

背叛

电话。电报。或者告诉特里。

我的朋友特里是我认识的人里最八卦的。我和他相识于二十世纪八十年代中期，几个小时后我做的任何评论就被特里广播给了大量观众，包括朋友、熟人和陌生人。我不太记得我是怎么认识特里的：我猜他是我朋友的前男友的前男友。所有这些八卦让人难以记得：特里总是和我们圈子的人开战，因为他向不该说的人说了不该说的事。

我很想写特里的八卦并无恶意，但是事实并非如此。其中总有恶意的部分：他小时候在派对上交换了盐罐和糖罐，只为看人们喝一口咸茶的表情。但是这里面又有影响力：让我们参加其中但并不过分——我们可以把特里告诉我们的八卦包装成另一个特里的故事：你能知道特里这次干了什么吗?

特里的每个派对都值得八卦。他住在过时的曼哈顿上东区远东（far-east Upper East Side of Manhattan）一栋六十年代高层中，他的公寓里面能挤上百人，三四十人可以舒服地住下。特里在澳大利亚念寄宿学校，并以此从新加坡移民到纽约，他从事时尚业。他的朋友有新加坡籍移民、东村（East Village）画廊老板、澳大利亚橄榄球运动员、时尚杂志助手，还有其他各类人物。特里身高只有五英尺（约 1.52 米），圆脸，所以尽管很瘦的时候，看起来仍然矮矮胖胖的。认识特里的人还注意到的一个特点是他的尖牙：他的尖牙非常尖，很突出，似乎要刺破他的下嘴唇。

我刚认识特里时，他有时会喝醉。之后几年，他喝醉的次数更多。现在几乎天天买醉。他背着一个超大号挎包，里面装满了书、围巾还有其他东西。我总怀疑里面至少五分之一是伏特加，要么就是一大瓶。我刚认识特里时，他在时装店工作。之后几年，他自己开了一家背心公司，做的背心是我见过最漂亮的，也将会是以后最漂亮的，包括出色的手工孔雀毛背心和彩色丝带编织的背心，在九十年代中期一度成为世界上所有婚礼上新郎热选物品。之后，他为私人客户定制礼服裙。但是金融危机让客户量大减。再之后，我记得他除了帮朋友做衣服，根本不工作了。

特里喜欢打电话聊天。他打电话的时间都非常不合适：朋友正好抵达；正要坐下吃晚餐；去看电影时快迟到了。我和特里的友情早于来电显示，我注册来电显示服务部分也是因为特里。这样我可以看到他打电话了。他基本不留信息；我在来电显示看到是他在打电话，不会每次都接。我经常告诉自己，我马上就回电。我常常做到了，又没做到。

特里精彩的生活在脸书状态上尤其明显。他很早就开始使用并且对其充满热情。他记录了他烹调的食物和食材（生蚝、海胆、安康鱼肝和新鲜的小山羊肋骨）；记录一次高中同学聚会；记录他在附近散步；记录需要过多帮助的朋友（他极度讨厌免费修改）；记录没有标签的香槟且他不知道是谁送的。他还发布和偏头痛、减重、像秃鹰一样的游客相关的推文，全部都用一种搞笑、尖酸、夸张的语气。我们见面的次数从几乎每月一次到几个月一次，再到一年两三次。

上次我和特里见面是为了吃点心，他出现得很早。特里总是很早，特别是参加派对时，而且总是最后一个离开的，你已经洗好餐具，清理了房间，把家具回归派对前的位置，甚至都刷好牙了，才终于送走了他——特里只有在别无选择时，才会离开派对。

我希望那次点心餐我能记得更清楚一些，但是我只记得特里喝醉了。当时是早上十点，特里醉得一塌糊涂，说话含糊不清。他骄傲地大声宣布，他昨天晚上过得很丰富，今天早上第一件事就是喝伏特加，以缓和一下。

之后，我们在脸书上聊了几个月——他给我的一些推文点赞，我给他的一些推文点赞，我们相互发信说必须见面。但几个月过去了，我没注意到，我们已经失去了联系。之后一位朋友打电话告诉我特里去世了——当然，他是自己喝太多了才导致的。他不再吃东西，只喝酒，他走得太远，而且不愿意被拯救。

同一位朋友之后打电话告诉我她正在帮忙组织追悼会。地点将在上麦迪逊大道（upper Madison Avenue）弗兰克·E.坎贝尔（Frank E. Campbell）葬礼教堂，时间为周六——我和我丈夫大卫（David）已经计划在那天出城。当然那天人肯定很多，没人会注意到我们是否在场，所以我们决定周末按计划出行。不过我们周五晚上出门去乘火车时改变了主意。毕竟，特里一直以来都是好朋友。所以我们给接待人打电话道了歉。

第二天，我们早早地到了葬礼教堂——既然要去，我们想要确保有座位。教堂不大，我们不想站在后面。大卫穿着特里为他设计的背心——黑色和白色缎面织成的宽棋盘格款式。

我们首先看到的是特里的照片，穿着同样的背心，看起来和他以前一样，很丰满、很开心并且很有活力。然后我们进入教堂，能容纳一百多人的教堂里面只有二十多人坐在长凳上。仅有我们这二十几个人来了。其中十二人是特里的家人，他们来自新加坡和华盛顿。还有数个朋友，包括我们俩。然后就是特里本人，躺在前面的棺材里，棺材盖开着，和我认识及记得的特里一点不一样。

在《一个小赢家的墓志铭》中，叙述人（大家记得，他是在自己的墓地旁讲述他的一生）讲了一个十九岁去世的小女孩葬礼的故事。女孩的父亲叫达马塞诺（Damasceno），叙述人给我们讲了一段他与女孩父亲的对话。克德利姆是女孩的叔叔。

由于我还没讲她的死亡，我也应该忽略第七天的弥撒；两周后，我和达马塞诺聊了天，他仍然伤心欲绝。他说，在上帝对他进行惩罚后，那个男的让他更加伤心。他没有解释。三周后，他回到这个主题上，向我吐露，这个不可挽回的悲剧给他带来巨大的悲痛，他希望他的朋友到场可以给他一些安慰。仅仅十二个人陪伴他女儿的棺材去墓园，其中四分之三是克德利姆的朋友。他发了八份邀请。我表达了我的观点，传染病带来了很多死亡，可能人们以此为借口，掩盖他们明显忽视的邀请。达马塞诺摇了摇头，悲伤且难以置信。

“不是的，”他叹息道，“他们让我很失望。”

克德利姆在场，他说：

“来的人都是真正关心你和我们的人。那八个人来只是出于礼貌，会讨论政府的惰性，讨论专利药品，讨论房价，或者讨论彼此……”

达马塞诺安静地听完，又摇了摇头，叹了口气：

“但是至少他们得过来。”

这段话之后又出现在我脑海里。但是在那天，另外一段坟墓边的讲话回响在我的脑海中：这段话来自阿瑟·米勒（Arthur Miller）的《推销员之死》（*Death of a Salesman*）中的琳达·罗曼（Linda Loman），用她著名的句型“大家注意”开始，她在悼念亡夫和他的生平时重复了多次。

悼词只有一点，但是抓住了特里的特点。其中一位朋友说起了在艾芙琳酒吧见到特里——这个酒吧在八十年代很流行，很多下城区名人去那里，包括沃霍尔（Warhol）团队、演员和东村近期出名的艺术家——我们后面才知道，他事事都和特里黏在一起。特里刚来纽约的那几年在那里当服务员，他传奇般无礼。因此，他成了某种偶像，人们争相让他服务，交换他曾说过的关于他们的故事。他甚至还向劳伦·白考尔（Lauren Bacall）咆哮，因为她在室内戴墨镜。

我认为特里会喜欢他服务时的故事。或者说，我第一次遇见的特里会喜欢。我现在意识到后几年的特里非常不开心，无论什么都无法让他高兴。事实上，后几年的特里可能是我认识的人里最孤独的。

在特里的脸书上，他罗列了他最爱的电影——排名第一的是《彗星美人》（*All About Eve*），一部以尖酸的讽刺而备受钟爱的电影；还有《午夜牛郎》（*Midnight Cowboy*），一部歌颂城市异化的电影；还有《万世师表》（*Goodbye, Mr. Chips*），改编自詹姆斯·希尔顿（James Hilton）的感人小说，内容是关于一名令人爱戴的寄宿学校老师。对于特里来说，在寄宿学校是黄金时期：他和每个人志同道合，甚至包括最粗犷的运动员。他们像是一个朋友组成的家庭，而特里是大家宠爱的顽皮小弟弟。

特里和我如果不谈食物，时常讨论书籍。我们都同意罗辛顿·米斯特里（Rohinton Mistry）的《微妙的平衡》（*A Fine Balance*）是有史以来最伟大的书籍之一。他喜欢琼·林赛（Joan Lindsay）的怪异小说《悬崖上的野餐》（*Picnic at Hanging Rock*），我也喜欢。他最爱的书包括杰奎林·苏珊（Jacqueline Susann）的《娃娃谷》（*Valley of the Dolls*），他经常引用其中的句子。这本书就是人们最想看到的特里：矫揉造作、邪恶，和吸毒的模特混在一起。在他的脸书上，特里把苏珊的经典著作和伟大的同性恋作家的作品列在一起，包括E.M.福斯特(E. M. Forster)、戈尔·维达尔(Gore Vidal)、杜鲁门·卡波特(Truman Capote) 以及帕特里克·丹尼斯（Patrick Dennis），其作品包括《玛咪姑妈》（*Auntie Mame*）。我并不惊讶他喜欢罗伯特·休斯（Robert Hughes）的《致命的海滩》（*The Fatal Shore*），这是一部澳大利亚历史巨作。这本书让他割不断对学生时代的怀念。伊夫林·沃（Evelyn Waugh）描写痛苦乡愁的

《故地重游》（*Brideshead Revisited*）是另一本他钟爱的书。他几乎每年会再读一次。

特里告诉我他喜爱达芙妮·杜穆里埃（Daphne du Maurier）的《蝴蝶梦》（*Rebecca*）时，我也不惊讶，这部书写了充满怨恨和欺骗的危险浪漫。特里有一颗哥特的心。

这本书首次出版时间是1938年，一年前，林语堂出版了《生活的艺术》（*The Importance of Living*）。但是两部书对时间的不确定性和焦躁有很不同的反应。这本书写了阴谋、欺骗、不安和谋杀——最终以一场大火结束。

有着著名的开场白（“昨晚梦中我又回到了曼陀丽”）、无名的叙述人（我们只知道她是第二任德温特夫人，从不知道她的真名）以及结尾处扭曲的弥天大谎，杜穆里埃的小说成为有史以来最畅销的书籍之一。阿尔弗雷德·希区柯克（Alfred Hitchcock）以此制作了一部电影，但结尾处很不相同。电影主角有劳伦斯·奥利弗爵士（Sir Laurence Olivier）、琼·方登（Joan Fontaine）、朱迪丝·安德森（Judith Anderson），并在1940年获得了奥斯卡最佳影片奖。

《蝴蝶梦》这本小说主要以嫉妒为源泉。其中令人印象最深刻的角色是管家丹福斯夫人（Mrs.Danvers），她是这部著作中的一个暗中破坏的人。她不遗余力地摧毁第二任德温特夫人，投身于第一任德温特夫人和题目的主角吕贝卡的回忆中。

丹福斯夫人是一种恶毒的存在，她掠夺着主人公的不安。一个重要的场景和裙子有关——丹福斯夫人建议天真且信任她的第二任德温特夫人参加化装舞会时穿的裙子，管家知道这条裙子会激怒马克西姆·德温特（Maxim de Winter），因为这条裙子让他回想起他刚去世一年的第一任妻子。无疑特里喜欢一本裙子立刻变身为服装和武器的书。

但是《蝴蝶梦》也与孤独相关。孤独充斥着曼陀丽的每个角落，曼陀丽是德温特在海边的房产。漫长的车道经过黑色的树林抵达一墙惊骇的血红杜鹃，墙后的房子神秘、静谧。

叙述人很快就陷入了绝望的孤独，孤独得想结束自己生命。马克西姆也很孤独，虽然不是我们起初想到的理由。狠毒如丹福斯夫人，也会感到孤独。（虽然她被称为夫人，而不是小姐，但她一直未婚——这样称呼只是因为当管家时方便。）她一直照顾吕贝卡“很多年，直到她结婚，吕贝卡几乎是她一手带大的”。吕贝卡是她生命中最重要的，也是唯一爱的人。

小说到了中间，马克西姆告诉第二任德温特夫人，“你和我，我们注定无法幸福”。我猜，援引这句话会引起特里的共鸣，尤其是在他生命中的最后几个月。

我认识的已经去世的人中，对特里的回忆让我悔恨程度最深。我需要看到他的来电显示吗？就算我累了或者迟到一点，接了他的电话会死吗？我看不到满屏脸书状态背后隐藏的绝望吗？我不会骗自己，觉得自己可以拯救特里，但是我知道我可以更多地了解他。

我猜很少人选择特里的服务，部分是犹豫他真正伤害了很多人；我们年轻的时候，他的八卦很可爱，后来就变得恶毒，并且惹了一大堆麻烦。特里一直疏远他的朋友。但是我错在哪里呢？玩消失。之前，我在他身边，然后我离开了，陷入了自己忙碌的生活中。

最终，我们整个网络通信的问题出在网络完全不能表达出说话的语气。回首过去，当漫画刺激世界时，我读到的是真实的绝望。特里的思乡情绪——体现在寄宿学校小说和他在澳大利亚度过童年的推文中——恐怕那不是愉悦的痛楚，而是煎熬。恐怕这种思乡情绪是特雷西（Tracy）先生在我们读奥德修斯和他想要回到伊萨卡的迫切希望时教我们的："思乡情切。"

通知我特里去世消息的那位友人之后向我描述在特里最后的日子里去见他的情景。他办好住院手续后摔倒了，头重重摔在地上，声音特别大，病房外的医生都听见了。特里恢复了，但是晚上噩梦和白天恐惧的情况比摔倒前更糟。他仍然拒绝进食，而且由于肝脏衰竭，他的黄疸愈加严重。医生曾经建议这位友人来看望他时带些特里开心时的照片。特里不屑一顾；她试着把照片钉在特里病床旁边的墙上时，他放声大哭，让她拿下来。

看见特里绝食对她来说尤其痛苦——食物曾是特里生命的一大乐趣。他是一个慷慨且有天赋的厨师；他会在感恩节出现，为他的家人做一顿饭，每年他做的大餐都比前一年更好吃，他引以为傲。特里喜欢解释其中的技术——月桂叶的作用；怎样把火鸡烤得恰到好处。他自己的晚餐派对是场盛筵，一道又一道菜从他小小的厨房端出来，不可思议：他幼时吃的新加坡、中国菜；他在澳大利亚爱上的丰盛的烤肉；花了大价钱的欧洲佳肴；还有纽约绿色市场各种最新鲜的产品。

但是到了最后，他只喝酒：直接喝伏特加。最后他已经病得无法看电视或阅读。或者只是他不想。

书籍和特里的死毫无瓜葛。但是我忍不住会想，这些书没起什么作用——他最喜欢的书帮助他打磨了他棱角更分明的性格，让他产生对他生命中极度思念的日子的憧憬。

我想起特里时，我想不起可以拿给他读的东西。我只希望我当时对他好一些。

《在德黑兰读〈洛丽塔〉》

选择你的人生

有时候会听见人们这样评价一本书，“那本书拯救了我的一生”。

近来，我偶然发现一个讲述书籍真正拯救人生的故事。事实上，里面涵盖了好几本书，但是其中一本书的作用比其他的大：一本由牛津大学出版社出版的斯蒂芬·埃德蒙·莱希（Stephen Edmund Lahey）所作的《约翰·威克里夫传》（*John Wyclif*）。这本书出版于 2009 年，约翰·威克里夫（经常写作威克利夫），哲学家及神学家，其理论是亨利八世（Henry VIII）脱离天主教的关键，其哲理帮助建立了英国国教，为了刻画他的周围环境，本书探索了英国在十四世纪的文化和知识环境。此书是伟大中世纪思想家系列的一部分。

这本书拯救的人是一名二十一岁的佛罗里达州立大学

（Florida State University）学生，名叫杰森·德弗斯（Jason Derfuss），他运气非常不好，在大学图书馆的那天正好遇到一个精神不正常的同校毕业生，极度偏执狂，他在图书馆开始开枪。德弗斯后来告诉 NBC 电台的网络记者："不敢相信我居然活下来了。"他说他开始听见一声巨响。"我立刻就知道那是开枪的声音，我慢慢转过身，看到一个拿着枪的人跑向另一名学生，并向他开了两枪。"一切结束前，持枪人已经向七人开过枪，包括德弗斯，伤了三人；其中有一位二十一岁的学生，现在腰部以下瘫痪。几百名学生把自己堵在了图书馆里，或者惊慌逃走；最后，持枪人拒绝放下枪，警方击毙了他。德弗斯回到家，他打开他的背包。"我拿出一本书，看见书页全散了。我开始检查书，我朋友在末页发现了一颗子弹。"子弹穿过了几本书。截停它的那本是写威克里夫的书。

与之相似，一本书——或准确来说一部和书厚度一样的手稿——拯救了西奥多·罗斯福（Theodore Roosevelt）的性命。1912 年 10 月，罗斯福在竞选活动中被人开枪射击了两次，但是他放在外套兜里演讲的稿子减缓了子弹速度。他还有一个金属的眼镜盒，挡在了他的胸膛和持枪人之间，无疑这也有所帮助。罗斯福被枪击时正在去演讲的路上，虽然他知道受伤了，但是他意识到子弹没有穿过他的肺，所以他决定进行演讲并等待医疗。他的开场白是让人们"尽量保持安静"。然后他还说：

“不知道大家知不知道刚刚有人向我开了一枪。”他继续说道，“那一枪足够杀死一只公麋鹿。但还好我带了手稿，大家现在知道我的演讲会很长，且里面有颗子弹——子弹穿过了手稿——可能手稿阻止子弹击中我的心脏，救了我一命。现在那颗子弹还在我身上，所以我的演讲不会很长，但我会尽最大努力。”

一本关于健康的书救了人们的命时，他们常说的是拯救性命。如果你的胆固醇特别高，一本帮你减少坏处、增加好处的书很可能救了你的命。我相信所有实用书籍都曾帮助救命：航海技术书籍教会迷失的水手怎样通过星星导航；野外生存书籍告诉你哪种蘑菇不能吃，怎样吓跑一只饥饿的熊；一本医学百科书帮你判定你是假生病还是需要赶紧去医院。

还有一些救命的书如布莱恩·史蒂文森（Bryan Stevenson）的《正义的慈悲：美国司法中的苦难与救赎》（*Just Mercy: A Story of Justice and Redemption*），他是一名律师，是反抗大规模监禁、种族不平等和死刑的英雄；通过这本书，史蒂文森讲述了通过一个死刑案件帮助他阐明美国不公正的故事。还有约翰·格里森姆（John Grisham）的《忏悔》（*The Confession*）这类小说，讲述了一个无辜的足球明星在死刑前四天的故事。它是我读过的最扣人心弦的惊险小说之一；它也是对死刑的一个毁灭性控告——不仅因为其非人性，也是因为其应用和实施的不公平性。如果美国最终废除了死刑，被拯救的性命在某种程度上要感谢这类书籍。

然而，人们说这本书或那本书救了他们的命，他们通常指在精神上。救命的书可能是让读者意识到她并不孤单，或者给予她希望，或者在她极度需要欢乐时给她带来欢乐，或者让她知道以前从不知道的道路。

我收到读者来信说他们认为成长时世界上没人喜欢自己，或者认为世界不给他们时间，不给他们一席之地——直到读了一本书，否定他们的想法。鲁道夫·阿纳亚（Rudolfo Anaya）的《保佑我，乌勒蒂玛》（*Bless Me, Ultima*）、玛娅·安杰洛（Maya Angelou）的《我知道笼中的鸟儿缘何歌唱》（*I Know Why the Caged Bird Sings*），斯蒂芬·奇波斯基（Stephen Chbosky）的《壁花少年》（*The Perks of Being a Wallflower*），路易丝·厄德里奇（Louise Erdrich）的《爱药》（*Love Medicine*）——这几本还有其他无数书籍让读者感受到帮助，拯救了他们的生命。如果书中有一个角色能让读者联系到自己，会引起强烈的共鸣，但每本书都能与每个人共鸣。不需要是回忆录或传统的文学小说或诗歌；我听过这样的评价来自各类书籍。爱情小说、科幻小说、奇幻小说、叙事小说、图片小说，甚至非小说类书籍——都可以拯救生命。

有书救过我的命吗？我认为更准确地说，像詹姆斯·鲍德温的《乔凡尼的房间》（*Giovanni's Room*）这类书籍帮助我选择了我的人生。如果不是因为我读过了这些书，我会选择与现在截然不同的生活。书籍拯救了我的人生。

阿扎尔·纳菲西（Azar Nafisi）的《在德黑兰读〈洛丽塔〉》（*Reading Lolita in Tehran: A Memoir in Books*）是一本讲述书籍改变人生的书，这本书也拯救过生命。在伊朗革命和伊拉克入侵伊朗土地后与伊拉克战争之前、之中及之后，纳菲西一直是伊朗德黑兰的一位老师。这本书开始写了她在 1995 年辞去在伊朗最后一个教师职位后组织的班级的故事。她邀请了七名学生，全是女性，每周四到她家讨论文学。她写道："讨论的主题是小说和现实的关系。"纳菲西和她的学生阅读经典波斯作品［《一千零一夜》（*A Thousand and One Nights*）］和西方文学［《傲慢与偏见》（*Pride and Prejudice*）《包法利夫人》（*Madame Bovary*）］。后来，她们读了弗朗西斯·菲茨杰拉德（F. Scott Fitzgerald）、夏洛蒂·勃朗特（Charlotte Bronte）及威廉·詹姆斯（William James）。她们确实读了弗拉基米尔·纳博科夫（Vladimir Nabokov）的《洛丽塔》（*Lolita*）。纳菲西是一名近期发表了纳博科夫相关书籍的学者，所以她们读纳博科夫的作品也很自然。

纳菲西确实意识到用《洛丽塔》来教育革命后伊朗的年轻女性可能有点奇怪。她写道："我让你想象我们，想象我们在德黑兰读《洛丽塔》这本关于一个男人为了占有和迷惑一名十二岁女孩，间接导致她母亲夏洛特（Charlotte）的死亡，并诱骗她做了两年情人。你被迷惑了吗？为什么是《洛丽塔》？为什么《洛丽塔》在德黑兰？”

很快我们便知晓了答案。

纳菲西向她的学生解释《洛丽塔》这本书“与极权主义视角格格不入”。她与年轻女性讲述小说中“残活的蝴蝶”的强大，探索“受害人与看守人之间不正当的亲密关系”。但是在某一天，她的一个学生，密特拉（Mitra）问了一个问题，让她停了短短一天。

“密特拉一边伸手拿糕点，一边问了一个困扰她多时的问题。为什么像《洛丽塔》和《包法利夫人》——这类哀伤、悲剧的故事——会让我们快乐呢？阅读一些不好的事情时感到快乐难道不是罪过吗？如果我们是在报纸上读到或者这种事发生在自己身上，我们会有相同的感觉吗？如果我们写下我们在伊朗伊斯兰共和国的生活，会让读者快乐吗？”

纳菲西仔细思考了一晚上，她得出答案，等不及要和她的学生分享。她写道：

我说到，纳博科夫把每部伟大小说都称为童话。好吧，我同意。首先，让我提醒你们，童话里有很多可怕的巫婆，她们会吃小孩；有恶毒的继母，毒害漂亮的继女；还有软弱的父亲把孩子留在森林里。但是魔法来自于善良的力量，这种力量让我们知道，我们不用屈服于马克菲特（McFate）加在我们身上的限制和规定，纳博科夫如是说。

每个童话故事都提供了超越现有限制的潜力，所以从一方面来说，童话给了你们现实给不了的自由。在所有伟大小说中，撇开小说中呈现的残酷现实，都肯定生命，反对生命的转瞬即逝，这是一个基本的反抗。这一肯定存在于作者采取通过自己的方法复述现实以掌控现实的方式中，因此创造了一个新的世界。我会骄傲地宣布，每件伟大的艺术作品都是一次庆典，都是抗争生命中的背叛、惊悚和不忠。形式的完美和美丽反抗主题的丑陋和不堪。因此，我们喜爱《包法利夫人》并为艾玛（Emma）哭泣，我们贪婪地阅读《洛丽塔》，因为我们为孤儿女主人公的卑微、粗俗、诗意和肆无忌惮心碎。

《在德黑兰读〈洛丽塔〉》本身在很多方面是一本伤感的书，书中马克菲特之手触及了每个人。纳菲西描述了她在早期生活中如何失去所有的安全感：前一分钟她是著名政客、德黑兰最年轻市长的女儿，在瑞士上学（虽然她说学校很可怕）；后一分钟，她必须回家，因为她父亲因莫须有的罪名入狱。之后四年，她家“被告知，她父亲要么被杀掉，要么被即刻放走”。她还讲述了几年里，伊朗革命后惩罚性的社会和知识限制造成前途光明的学业脱轨。纳菲西被怀疑成为西方文学的学者（尤其是因为她在欧洲和美洲接受过教育），还有更普遍的原因：她是女性。别人告诉她，她必须遵守“新规”，包括戴“头罩”。她不会遵守。所以她丢了工作。她在给朋友的信中写到，她被“排挤”。

我们在整部书中相遇，杰出的年轻女性被陷害、被关押、被虐待，教育被否定，被迫结婚，被追捕。在某处，纳菲西描写了一个瘦高的年轻女性莎娜姿（Sanaz），她之后在周四早上的课程中出现。她悲痛欲绝，泪眼婆娑。最后，她坐了下来，身旁放着茶和水，另一名学生试图用笑话来缓和气氛，之后，大家知道了发生的一切：

她的故事不陌生。两周前，莎娜姿和她的五位女性朋友去里海边度假两天。在第一天，她们决定去拜访她朋友的未婚夫，他住在附近的村庄。莎娜姿再三强调，她们穿戴很得体，戴着围巾，穿着长袍。她们都坐在外面的花园里：六个女孩，一个男孩。屋内没有酒精饮料或不可取的磁带或CD。她似乎在说，如果有这些，那她们受到革命卫队的惩罚理所当然。

然后，道德部队的“他们”拿着枪过来了，跳过矮墙，让他们惊讶。他们称接到举报说有非法行为，想要搜寻周边。这些年轻女孩都穿着得体，所以不可能因衣着批评她们；相反，其中一名护卫讽刺地批评她们“用她们的西方态度”注视护卫。尽管如此，护卫没发现任何不妥，这些女孩仍因为“违反道德”全被抓入特殊监狱。

她们被关了两天——在一个“又小又黑的房间”，里面还有瘾君子和妓女。“虽然她们反复请求，仍未得到打电话给父母的权利。除了固定时间可以短暂离开，去洗手间外，她们只能离开房间两次——第一次是去医院，由女性妇科医生做童贞测试，这位妇科医生让她所有的学生都观摩了测试。护卫们不相信医生的判定，还带她们去了私人诊所做第二次检查。”

“简单审讯”后，她们“被迫签署了一份文件，承认她们没有犯的罪，并接受二十五鞭惩罚”。

因为莎娜姿在长袍里穿了T恤，看守她的人“开玩笑说……她可能感觉不到疼痛，所以多打她几下。对她来说，童贞测试的侮辱和被迫签署认罪书的自我厌恶比身体的疼痛更难以忍受”。最终侮辱她的是，她父母同她兄弟认为她太自由了，不应该在没有男性的监督下单独出行。

纳菲西写道，她“放不下莎娜姿和她的故事”，她回忆，“我记得这次事件和我在伊朗生活时的很多其他事件一样。”她写道，这些故事和人们在她离开后写下来或口述的类似故事，成了她自己的记忆。

然而，正如这些故事变成她自己的故事一样，她阅读和教给年轻女性的故事也变成了她们自己的故事。《洛丽塔》和《包法利夫人》和她们读过的波斯经典作品一样，成了这些年轻女性的故事的一部分。

在最后，我们了解了部分女性的故事。有些移民去了加拿大、美洲和英国。其中三个继续在德黑兰见面了一段时间，讨论弗吉利亚·伍尔夫（Virginia Woolf）和米兰·昆德拉（Milan Kundera），写“电影、诗歌和她们作为女性的生活”。

在她写作的时候，伊朗发生了些变化。但是，无疑这些年轻女性的生活改变了——变化源自于她们读过的书和有过的讨论。至于她们读过的书有没有拯救她们，你得问问她们才行。

“然而自那时候起，伊朗开始发生变化了，”一位学者告诉我，“不是因为制度变得更善良更温和了，而是因为人民——尤其是妇女，年轻一代的妇女，以及投入的积极分子——不断通过在公共场合及私下质疑和违反规则给制度施压。”

自纳菲西讨论期间起，已经有两波革命运动。“是的，他们失败了，或者被打压了，”这位学者解释道，“但是他们带来了巨大的影响，影响了伊朗人民如今生活、阅读以及在公共场合和私下表现的方式。”

我经常在改变或拯救你的生命书单中看到《在德黑兰读〈洛丽塔〉》。它是其中的一本。我向认识的每一个人推荐这本书，特别是怀疑老师、作家、书籍能带来影响的人。

读了纳菲西促使我寻找其他伊朗现代作家，将我带向其他作家,如莎纳许·帕西普尔(Shahrnush Parsipur)和穆罕默德·道拉塔巴蒂 (Mahmoud Dowlatabadi) 。他们为我打开了新世界的大门，就像纳菲西为她的学生打开大门一样。她还鼓舞我多读一些纳博科夫的作品。

一本书不必厚得能挡子弹，不必降低你的胆固醇，甚至不必是社会善良的力量，虽然成为力量时是无穷的。**它只用是一个基本的反抗：肯定生命，反对生命的转瞬即逝。它只需是你恰好需要的那本书。**

《婴儿说：“还要，还要，还要。”》

保持满足

备受儿童喜欢的少儿读物作家威拉·B. 威廉斯（Vera B. Williams）有一本图画书叫《婴儿说：“还要，还要，还要。”》（“More More More,” Said the Baby）。主角为三个不同年龄的儿童，故事讲了我们怎样从未得到或付出足够的爱。小家伙（Little Guy）的父亲把他抛到空中，然后接住他，亲吻他的肚脐眼，小家伙说：“还要，还要，还要。”小南瓜（Little Pumpkin）的祖母亲了孙女的每个小脚趾，小南瓜笑了，说：“还要，还要，还要。”小鸟儿（Little Bird）的妈妈在她蒙眬的睡眼上一边亲了一下，小鸟儿快睡着了，只能哼哼：“嗯，嗯，嗯。”每队大人和儿童中，大人用语言或歌唱赞美儿童并把儿童抱得很紧。这本书满满的全是爱，通过措辞和颜色鲜明的图片就能体现：绿色、紫色、橙色和洋红色。与所有伟大的儿童读物一样——如莫里斯·桑达克(Maurice Sendak)的《野兽国》(*Where the Wild Things Are*)和费思·灵戈尔德(Faith Ringgold)的《沥青海滩》(*Tar Beach*)——这本书可以为儿童带来欢乐，也可以引起大人的共鸣。

几乎每一天，“婴儿说：‘还要，还要，还要’”这句话都会在我脑子里弹出——虽然对我来说意思不同。同样的东西，儿童说出来是人性化、可爱，而大人说出来就很可怕。在威拉·B.威廉斯(Vera B. Williams)的精彩世界，大人付出爱，并通过他们生命中儿童的幸福快乐收获数倍的爱。但不是所有的婴儿都会停止婴儿的举止。这个世界上充斥有再多的关注度、名气、财富、权力、奉承都不够的人。“婴儿说：‘还要，还要，还要。’”如果这个婴儿是个大人，那就一点都不可爱。

你读到全球商业领导的故事时，数十年的成就，栽在杂乱的账单上；或者政客不顾原则，为孩子找实习机会或为配偶找个挂名职务；或者大家喜爱的艺人为了多出几个月风头在真人秀上自嘲——这时候“婴儿说：‘还要，还要，还要。’”这句话就出现在脑海中了。

但距离不必这么极端。有一位老板，一个95%由她的一位员工创造、5%由她自己调整的意见，她一次次占为己有。[佛学商业书作家马歇尔·戈德史密斯(Marshall Goldsmith)在《没有屡试不爽的方法》(*What Got You Here Wont Get You*

There）一书中写到这个管理缺陷时很刻薄。］或者员工在每次同事被表扬时都会更伤心一点。或者一位朋友“早上过得不开心”仅仅因为在星巴克买咖啡时，她前面的人点单时间特别长。

这不是无依无靠的人合情合理的愤怒，而是那些人心不足的人在发牢骚。

当然，谴责他人的这种倾向非常容易。要接受自己有时也是吵着“还要，还要，还要”的婴儿，比较痛苦，比较困难。

有时候，晚上我清醒地躺在床上，各种担心：我是不是工作推进得太靠前了，碾压了别人？或者，我是否太容易摆脱困境了，可能还有要说或者要加的东西时，满足地坐在后面？我希望其他人可以用不同的角度看我的选择——更频繁地指控我推进的力气太大，而不是疏忽让他人听到我的声音。

想要更多无疑是驱使人类前进的动力之一。居里夫人（Marie Curie）没有在第一次获得诺贝尔奖后说：“天哪，今天先这样吧。”事实上，她和她丈夫深陷实验中，根本没去领奖。她继续坚持在实验室，去发现镭和钋，不管其他事，第二次获得诺贝尔奖——成为有史以来第一个获得两次诺贝尔奖的人。

史蒂夫·乔布斯完全可以在发布 iPhone 前松懈下来（他有足够的钱和名声），永远改变世界，改变我们一整天用手完成的工作。

所以，我们如何区分驱使世界进步的“还要，还要，还要”

和让我们迷失方向的“还要，还要，还要”？我们怎么知道什么时候应该继续——继续要求，继续坚持，继续不屈不挠——什么时候缓和？

答案就是通常我们不用继续。历史上鲜有优雅存在。

从古典时代至今，最著名的例子独裁者辛辛纳塔斯（Cincinnatus），开心地退出舞台。根据罗马历史学家李维（Livy）的记载，辛辛纳塔斯只在罗马共和国担任了两周零两天的独裁者。这样他有充足的时间做出他认为必须做的改变，保护罗马城和其贵族和共和系统。之后他自愿解甲归田。乔治·华盛顿（George Washington）非常追从辛辛纳塔斯。事实上，在华盛顿时期，《美利坚合众国宪法》没有规定阻止他继续一次次竞选；他追随偶像的榜样，自愿在两届任期后卸任。

但是，由于辛辛纳塔斯内心是一个有原则、可敬的人，所以我认为他这个例子没有其他名气小一些的人令人惊讶。普鲁塔克（Plutarch）在撰写希腊和罗马名人传记《名人传》（Lives）中，作者（作者写作于公元一世纪的希腊）记录了一些例子。可能他最古怪、最极端的例子是之后罗马独裁者苏拉（Sulla）决定从公共舞台上退出。他参加了古代世界最伟大的一场内战并取得胜利，在公元前82年行军至罗马以取得权力。他屠杀了他的敌人，自己独揽大权，称为独裁者。但是之后他用这些权力加强了宪政，并退位让贤。普鲁塔克写道［英文翻译为奥布里·斯图尔特（Aubrey Stewart）和乔治·朗（George Long）]：

苏拉目前真正相信是运气好而不是因为他的行为，虽然他杀了很多人，在国内做出了大量创新和改变，他放下了独裁权，允许人民完全控制领事选举，不会近距离接触人民，一直在广场踱步，把自己暴露出来，人人都可以让他解释事物，好比一个普通人。

卸下所有权力后，苏拉可以陪他的妻子、他的演员男朋友，以及声名狼藉的各种舞者和鲁特琴师。他还准备写回忆录。苏拉在世时没有广受喜爱，去世后也没有。但是他卸任如此戏剧性的原因是，他雄心勃勃。他是那种不断追求更多，直到某天决定停下为止。为什么他会这么做，这一直是一个谜团。是什么让他决定他该离开他的世界中最有权力的席位，成为普通市民？

放弃你从未想要的东西，就像辛辛纳塔斯那样，比放弃你一生为之奋斗、为之战斗的东西容易很多。对我来说，苏拉的形象可能不太鼓舞人心，但是更接近。

同样对我来说，普鲁塔克的《名人传》也是一本帮助我清理现世最棘手的问题：找到超量与足量中间的界限。

但这不是唯一一个读这本书的理由。历史上没有比历史或文化更好的肥皂剧。现在所有的电视节目，从描写富裕的石油家族的《家族风云》（*Dallas*）和《豪门恩怨》（*Dynasty*），到记录音乐行业统治家庭生活的《嘻哈帝国》（*Empire*）（注意题目），再到描写灵异的战争国度的《权力的游戏》（*Game of Thrones*）——这些都是普鲁塔克的《名人传》的后裔。读了普鲁塔克记录的古罗马和古希腊战士和政客背后的诡计，你就明白什么是钩心斗角和背叛。普鲁塔克讲的故事是成对的——在希腊和罗马间交换，并周期性暂停下来总结他想强调的主要相似点和不同点。他喜欢告诉读者、向读者展示谁背信弃义，谁勇往直前，谁持正不阿，谁恰恰相反。虽然在大多数章节，表现差的人读起来比身份崇高的人更有趣，普鲁塔克尽最大努力记录了最差的。

有些事物你永远不会得到太多，也不会给予太多——比如爱。因此我才在手边保留着威拉·B.威廉斯的《婴儿说："还要，还要，还要。"》。但是几乎对其他所有事而言，还是很容易想要太多。因此我把普鲁塔克的《名人传》放在它旁边。

《在自己房间的旅行》

旅行

林语堂经常旅游。在《生活的艺术》一书中，他惋惜道，曾经旅行是一种乐趣，现在成了一门行业。问题是，人们不再真正旅行了。他们去“假”旅行了。

林语堂认为，有三种假旅行。第一种是带着增长见识的想法出国旅行；林语堂相信其实这样是很难增长见识的。他抨击“导游制度是一种”他能想象到“最不能容忍，喜好干扰别人的好事之人”。他没有针对谁在什么时候做了什么，也不了解为什么成年人会甘愿像放牧一样被驱赶，像小学生一样被教导。他还怀疑大多数导游提供的信息的质量。

对于林语堂来说，第二种假旅行是“为了交流”旅行。也就是说，去旅行的目的是为了之后给朋友讲些无聊故事。美国幽默作家罗伯特·本奇利（Robert Benchley）在二十世纪二十年代中期到四十年代为《纽约客》撰稿，他也为这个习惯所苦恼，并以“只有少数游客了解去旅行的地方，多数人只知道一个酒店名字、两个景点，可能还知道一条街”这一假定，找到了一个解决的好方法。你可以装模作样地欺骗他们，随便捏造几个名字，问他们在佛罗伦萨时有没有看见。他在“对阵丽塔里太太（Reetaly）”时用了这一招，丽塔里太太刚从西班牙、法国南部以及法国丽兹酒店疯狂旅行后回家。她提到了托莱多（Toledo）；他问她有没有“继续去马斯提勒荷（Mastilejo）”，这是他当时胡编的地名。她承认她没去，他告诉她，马斯提勒荷“比托莱多强百倍。那山！那颜色！”很快他们聊到了一个真实的小镇卡尔卡松（Carcassonne）。本奇利继续他强大的攻势，胡乱编景点，挖苦她有没有看见“神经病路易斯（Louis the Neurotic）从萨拉森人（Saracens）那里逃走的墙洞”或者“他们找到腹部是钢铁的人的剑和盾牌那条河流”。他继续下去之前，丽塔里太太迅速放弃了。关于她的假期，本奇利必须听的就到此为止了。

林语堂反对仅为交流的旅行，包括他对拍照这一话题的反感。为了不让我们认为抱怨现在人人吃饭前都必须从各个角度拍照是新出现的，林语堂写他曾经看到“在杭州虎跑泉，一个以茶和温泉出名的景点，一些游客用把茶杯举到唇边的姿势拍了照。毫无疑问，让朋友看他们在虎跑泉边喝茶的照片是很有诗意的。人们花在品味茶真正味道的心思比不上对照片的心思，这才是危险所在”。他继续写：“这种可能成为迷恋”，并且谴责游客“把时间都花在拍照上了，没时间欣赏景点本身”。

第三种让他绝望并认为是虚假的旅行是喜欢旅行的某人不管去哪里旅行，都要按照时间计划安排。“在家就被时间束缚，跟着日历跑，在外面还是这样。”

林语堂建议，真正意义上的旅行，其目的是变得“迷失且陌生”。在他看来，真正的旅行者“是漂泊不定的，带着流浪的欢乐、诱惑和冒险精神”。他写道：“旅行的精华在于没有责任，没有固定时间，没有信件，没有好奇的邻居，没有受任何委托，没有目的。一个好的旅行者不知道他将去何处，而完美的旅行者不知道他来自何方。”

常常在我认为林语堂的翻转已经到了极限时，他又会让我惊讶。他继续说，真正的行者毫无牵挂，因此挂心每个人。他引用了一个中国尼姑的话：“不特殊照顾某一个人，而是心系天下。”他提倡在陌生城市旅行以及在自然中旅行，鼓励他的读者“不为看什么东西或什么人而旅行，而是为松鼠、麝鼠、土拨鼠、云和树”。他讲了一个故事，一位美国女性被中国朋友带去一座烟雾缭绕的山。山上雾很浓，什么都看不清，但她朋友让她爬得非常高。当他们到达顶峰时，他们唯一能辨认出的是“远山的轮廓在地平线上若隐若现”。美国女性表示抗议：

“什么都看不到。”中国朋友回道：“这就是最重要的。我们到这里就是为了什么都看不到。”

在林语堂看来，你必须有能力一直打开自己的心扉，观察你的前后左右，而不仅仅在特别的旅途上。他给我们翻译了一位中国哲学家在这方面的扩展，解释在最雄伟的山峰看到的美景和优雅意味着你看不到“一小摊水、一个村子、一座桥、一棵树、一个篱笆或一只狗”的美丽和优雅。

《在自己房间的旅行》（*A Journey Around My Room*）将这个哲学观点延伸到极致并更进一步，这本卓越的旅行书深受马查多·德·阿西斯（Machado de Assis）和林语堂的喜欢。[我读了安德鲁·布朗（Andrew Brown）的翻译版。]正如我之前所说，这本书写于1790年，作者是一名年轻的法国官员萨米耶·德梅斯特（Xavier de Maistre），他因（非法）决斗陷入困境，被判在家软禁。在脚踝监视器等产品发明前的几个世纪，政府依靠年轻贵族的荣誉来让他接受胡作非为后的惩罚。德梅斯特当时二十七岁，是一个有荣誉的人，确实在他都灵的房间待满了法庭命令的四十二天。他无事可做，写了一本自己卧室的导游册，在那几周，他根据路线参观了一些家具、油画、他的书架、他舍不得扔的信，还有自己魅力四射又比较潇洒的生活的回忆——但也有战争和失去。

德梅斯特将围绕他房间的旅行做成了最真实的旅行——也

是至今以来或有史以来最民主的旅行方式。

“在自己房间的旅行带来的乐趣，没有人类不安的嫉妒；没有财富的浮躁。毕竟，哪会有人那么不快乐、被遗弃，连个可以逃离所有人的小窝都没有？旅行不需要更精致的东西。”

他的旅行不花一分钱。他大喊财富适中的人会“赞美和庆祝”这种旅行，但是在富人中更流行。他告诉读者他这样想的原因恰好是因为这样没有花费。富人变得富有是因为他们节约钱。他还指出，房间旅行是病人旅行的好方法，还有害怕强盗、危险和困境的人。

像所有好的旅行作家，德梅斯特的书开篇就给我们讲了他准备带我们去的地方和路线：

根据神父贝卡利亚（Beccaria）的测量，我房间的纬度为45度；东西走向；形成了长长的矩形，如果你贴着墙走，它的周长是三十六步。但是我的旅程步数要多一些，因为我会竖着或者斜着穿过很多次，没有什么规则或方法。我甚至会走“之”字形。如果需要，我会描绘出每个可能的几何轨道。我不喜欢把行程规划安排得特别清楚的人，他们会说：“今天我要去三个景点，我会写四封信，我会读完那本书。”我的灵魂面向所有想法、品味和情感开放；它贪婪地接受面前的一切！……为什么它不接受艰苦的人生道路上散落的快乐呢？

这是林语堂喜爱的一种旅行方式。

德梅斯特是一位有魅力的作家，他也雇了一小组人打破沉闷——他的男仆和狗时不时会出现。他有理论，很多理论，包括奇怪的柏拉图（Plato）理论。柏拉图的理论是我们都由我们自己和另一个人组成，而德梅斯特认为我们拥有一个灵魂和一只野兽，且这两者经常目的相反。

同时，德梅斯特很懒惰。有时，他甚至不愿意离开一样家具去另一样。有时候他在房间里旅行时，坐在扶手椅上，往后靠，让椅子前腿离开地面一点，然后转向一边，这样椅子会慢慢向前爬。他就像一个无聊的六岁小孩。

但是，你认为这本书只是一本有魅力的娱乐书籍时（比如他鼓励读者用安神的粉色和白色亚麻装饰床时），或者是在笨拙地模仿当时伟大的旅行书籍——比如在埃及待了数年回国的士兵写的作品——这时总会有惊喜出现。

书里有一章是关于他的朋友，一个冬季在作者臂弯去世的战友，他因病去世而非战死沙场。他十分怀念他们的友情，书中一段最感人的旅行是他跨过房间，到书桌旁看老朋友的信。

还有个惊喜出现在作者对探索更奢侈的人们的沉思，最初似乎看起来像书中的另一个翻转和脱离的章节。然后出现了下面这段：

当世界上挤满了比我更不开心的人时，为什么我会考虑那些生活更惬意的人呢？我不用通过想象把我自己转移到那个华丽的别墅，那里美好的事物在年轻的尤金妮雅（Eugenie）面前黯然失色，如果我想让自己更快乐，我只需要在去那里的路上停留片刻。一堆不幸的人半裸躺在豪华公寓的门廊，似乎当时脱离了寒冷和痛苦。多好的景色！我希望这一页书可以让全世界知道；我想让全世界都知道，在这个城市——一切富足的城市——在最冷的冬夜，大量不幸的人睡在外面，只能枕着界石或者宫殿的门槛。

在这里，你看见一群儿童挤在一起，免得被冻死。有一名妇女，颤抖着无声地哀怨。路人来来往往，对熟悉的景象不为所动。

像很多之前和之后的旅行作家，德梅斯特为他看见的不公平带来了一丝光明，虽然在这里他们真正在他家门口。他的观点是：你不需去全世界旅行，就能看见我们怎样虐待他人；这些与我们的距离很近，窗外的大街上就能看到。

但是当他想要觉悟，看清窗外世界所发生的一切，更了解人类条件时，他的房间里又多了一个可以去的目的地——他的书柜，上面摆满了小说和一些诗集。这些书让他人在房间心在外，千倍地扩展了他的经历。他写道："似乎我自己的麻烦还不够，我主动分享了上千个幻想任务的麻烦，我对它们的感觉和对自己一样真实。"

允许德梅斯特离开家的那天终于到来了，但是他说，在那一天，他感觉到真正的监禁恢复了，仿佛“被枷锁束缚”：“商业的枷锁又一次担在我肩上；我再也不能迈出没有礼节和责任束缚的一步了。”

只有在他的房间里，有着他的记忆、书籍以及他的窗户，他才真正感觉自由。

读完《在自己房间的旅行》（*A Journey Around My Room*）之后，我发誓，每隔几月我都会绕着自己的房间旅行一次，这些日子组成了我最开心的时候。能在没有生病、清醒且除了整天围绕公寓踱步外无其他安排的时候待在家里，简直是极大的奢侈。我可以躺在沙发上，看着阳光照过玻璃桌子。或者看阳光照在一个破裂的陶瓷花瓶上。我可以把玩从沙滩带回来的贝壳，可以欣赏小而茂盛的非洲紫罗兰。我可以看看书，翻翻这本，看看那本，直到停在某段话上。

这是我唯一保持完全不用电的工作。这样的日子有着简单的规则——不沾电子用品（播放音乐除外）。

我发现，在慢节奏、慵散的一天里，我在自己家旅行，似乎我触摸的每件事物都是新的，因为我和以前看待它的方式不同，但是每个物件也带来了回忆，我想起了这个物件的来源。我在家旅行的时候，总会读一下我保留的信，尤其是大卫·拜耳的来信。大卫是我的朋友，在二十多岁的时候去世了。德梅斯特写了他朋友给他的信：“当我浏览过已经过世的人写的信时，那种快乐多么强烈，多么哀伤。”

德梅斯特的《在自己房间的旅行》是他生命中巨大的成就。他写完这本书几年后，决定继续写它的姐妹篇，同类的续集，《围绕我房间的夜间探险》（*A Nocturnal Expedition Around My Room*）。这部作品更短、更哲学。在书中，他的旅行迈向星星，仅仅是他窗外壮丽的夜幕中的星星。

他写道，他知道很多人不看星星，因为星星出来时，他们在睡觉。但是他难以理解的是，为什么那些醒着的、在夜里漫步的人会忘记抬头看看并为之惊讶。他的理论是，因为人们可以经常看见天空，而且全是免费的，他们就不屑一顾了。

德梅斯特写道（语气义愤填膺），如果他统治着某个国家，“每天晚上我会派人拉响警报，然后强制所有子民，不论什么年纪、性别和情况，都去窗边看星星”。

但是之后他和里森（Reason）吵了起来，里森坚持法令例外。如果下雨了怎么办？或者太冷了？或者有寒流？病人应不应该豁免呢？还有情侣？

这些论点都很好。

对于我们来说，现在我们所处的世界几乎都没有星星了。我们周围的光污染出现在地球的每个城市，让我们很难看到星星。在纽约或香港或伦敦，多数时候，晚上你都无法从房间望出去。在世界的小城市和城镇，可以勉强看到星星。可能要去很远的村庄，才能看见整个壮丽的夜空。

但是德梅斯特的主要观点未变。即使星星被灯光掩盖，我们周围仍然有很多美好的事物，我们却看不到。但是这并非因为我们多数人生病了，或者天气太冷了，或者因为我们陷入爱情中，或者因为我们看小屏幕的时间太多；而是因为我们太忙碌、太分心、太自私，不愿意看到我们面前、房间里、大街上或空气中正确的东西。

这不是星星的错——也不是屏幕的错——而是我们自己。

祷告

自从我认为自己不是很虔诚，我已无数次读过经文。我到处寻找它，同时将一本从教会高中得到的皮革封面经文放在我那个帅气的红色背包里。我最喜欢的段落是来自公共经文，它让我们去祈求宽恕，宽恕我们曾经放下该做却没有做的事情、做了那些本不应该做的事情。当我陷入无尽的悔恨时，我会读那些经文，它就像是万能抗生素，能够照顾到任何事、所有事。

当我阅读的时候，我的思想就向经文完全敞开。读书是安静、专注、细致的，不像浏览网站或翻阅杂志。我喜欢书就像喜欢经文一样。我已经找到了很多类似的“经文”，其中我最喜欢的是小说、散文、诗集。

我经常阅读的书中，有一本是关于一位名叫约翰尼·冈瑟（Johnny Gunther）的小男孩的。

对我来说，约翰尼·冈瑟永远都是十七岁，只比第一次在《死亡并不光荣》中认识他的我大几岁，只比我在寄宿学校的同学、被淋巴瘤夺去生命时的李·哈金斯(Lee Harkins)大几岁。但是，约翰尼并不是我的同辈人，而是我爸爸那辈的，他出生在1929年，我爸爸是1927年。如果约翰尼还活着，现在应该87岁了，也许有一个孙子，年纪和他患上歪脖子病时一样，而在此之前更糟糕，他得了脑瘤。

在《死亡并不光荣》里，约翰尼的父亲——作家、记者约翰·冈瑟记录了他的儿子最后十五个月的生命。书里有一小部分内容介绍了这个阶段前的约翰尼，一个英俊的男孩，有一双漂亮的手；也有几章是关于约翰尼死后的，其中包括了一些他的信件和日记，他的母亲写下了自己的悲伤欲绝——当她看到自己的儿子喜欢或者本应喜欢的东西时所感受到的心痛和遗憾：

我多希望在约翰尼活着的时候比那时更爱他。当然，我们爱他，非常爱，他知道这点，每个人都知道，可是现在，更爱他意味着什么，又能意味着什么呢？

天下所有在战争中失去孩子的父母都曾经有过这样的问题，也探寻过答案。我认为，它意味着更加热爱生活，更加了解生活、了解人类、了解地球。它意味着用一种奇妙又真实的方法，把邪恶、厌恶和敌对的想法彻底清除，然后通过苦难的历练把这些想法转化成仁慈、透明的。它意味着更加关心其他人，包括家人、外人、全世界的人，更加关心上帝。

在我第一次读他的故事时，约翰尼·冈瑟和我少有共同之处。正如，他和我不是一代人，她的母亲提到的战争是第二次世界大战；他的父母离婚了，而我的没有；他对化学和科学充满激情，而这两门都很困扰我。尽管如此，我仍然十分同情他，深深地迷上了他。这就是这本书的神奇之处，所有读过这本书的人都对约翰尼有着同样的感受。

这本书带给读者的另一个共同之处是，当我重读《死亡并不光荣》时，我发现小约翰尼在十岁的时候遇到了林语堂。他的父亲约翰·冈瑟讲述了他第一次遇到林医生——他生命中第一个中国人的故事，在一次午餐派对上，约翰尼径直走向林语堂问道，我爸爸说中国人都没吃过奶酪，是真的吗？老冈瑟没有提到自己当时是不是很尴尬，但他描述了下面发生的事："林医生坚决地走向自助餐台，将一大块奶酪放到嘴里，以此摧毁了我作为家长的权威。"

《死亡并不光荣》中有一些轻松的内容，但总的来说，这是一本让人痛苦的书。老冈瑟像一个伟大的记者那样，勾画出最后十五个月中发生的事情：痛苦的头屑、手术、绷带、不断的恶化以及约翰尼对抗所有预言而出现恢复的几个月，老冈瑟都一一记录了下来，在这个过程中，约翰尼都异常勇敢。作为一个十几岁的孩子，当我读这本书时，我很想像约翰尼那样。我会经历他所经历的任何一件事吗？当然我不会，但我想去尝试一下。约翰尼同时也充满求知欲，他渴望了解所有事情的缘由，尽管他的父母总是不让他听见最不好的消息，但我骨子里就是个科学家，他总能把事情搞清楚。

约翰尼没有活到去已经录取自己的哈佛大学读书，不过尽管病重，他还是参加了寄宿学校的毕业典礼。

他的爸爸写道：

每一个孩子经过甬道都会有掌声，有些是敷衍的，有些是发自内心的。盖恩斯、格里斯佩、古德温、格里芬、冈瑟（Gaines, Gillespie,Goodwin, Griffin, Gunther）。当念到冈瑟的名字，他缓慢地从学生中间走出来，小心地保持在甬道的正中间前进，坚定地径直向前，从不左顾右盼，阳光透过高窗洒在他的脸上，他昂着头，小心、蹒跚、非常缓慢地前行。掌声响起来了，很快变成了一股风暴，因为礼堂里的每一个人都在鼓掌，都在紧张地注视着他能否做到。当他到达台前，礼堂内响起了雷鸣般的掌声。弗莱恩特（Flynt）先生按照安排好的，小心地将毕业证交到约翰尼的右手。约翰尼稳稳地将证书由右手送到左手，这时所有观众如释重负，同时继续报以雷鸣般的掌声。约翰尼绕到边上，回到他的朋友中去，并没有向我们这边看。

当我的鬼魂到来，在我失去的年轻朋友中，约翰尼是其中之一。我必须承认，当我看到他的时候，并不是他真正的样子，那是一个叫罗比·本森（Robby Benson）的演员的样子，他在一部电影里扮演了约翰尼。尽管如此，约翰尼也在那里。他的父亲是美国最著名的作家之一，然而我完全没有想着他，而是他的儿子，他让自己的孩子不朽了，但自己没有。

书的扉页上是约翰·唐尼（John Donne ）的诗，冈瑟摘抄了开头：

死亡并不光荣，尽管有些被说成是光荣的

高傲的和丑陋的

叫你艺术或不是

这首诗有个著名的对仗句结尾“小憩结束，我们就将永远的醒着，死亡将不会……”

有人告诉我，如果你想知道一本书究竟讲的是什么，只需要看它的最后一个字。《死亡并不光荣》的最后一个字是由约翰尼的母亲写的“生活”。

但是，那并不是最后的遗言。冈瑟把那个给了他的儿子，那个写作的、在被确诊后不久的祷告者。是什么让它如此重要？他的爸爸告诉我们，那就是儿子从不祷告。冈瑟猜测，约翰尼厌恶经文可能缘于他非常讨厌去那个小学的教堂，且对充满感激的花费大量时间在听喋喋不休的宗教劝导这件事上心怀很深的怨恨。所以，他的爸爸，老冈瑟，向他推荐各种各样不同的经文来进行早期的灌输：“印度人、中国人，等等，还有犹太教甚至基督徒，他对此非常感兴趣，但这并不意味着他从一开始就是这样。然后，他让他读奥尔德斯·伦纳德·赫胥黎（Aldous Huxley）的经文选集《永恒的哲学》《*The Perennial Philosophy*》，告诉他如何释义和个人的祷告应该是怎样的。他建议他，一旦他想用他自己的方式做祷告，他就应该告诉他。所以，非常偶然的，使用“嗯，顺便说一句……”的表达，他说：“说到祷告者，我确实想试试。”他背诵了经文，过了很久才被发现其实他提前已经把经文写下来并且记住了。

无信仰者的祷告

万能的上帝，

请原谅我的无知，

因为我会温婉而不愤世嫉俗，

也不造成坏的影响。

啊！

如果天堂里真有艺术，

请收下我对天赋的感恩，

我将打出漂亮的一仗。阿门。

《活着做什么》

生活

促使我阅读每一本书的主要原因是好奇心。我想知道那本书里面有什么；想知道为什么一些我认识的人喜欢它，或者为什么所有我认识的人都讨厌它；也许我阅读过简介，想知道为什么书里女主人公遭遇了作者在简介中说她会遭遇的事情后，生活会“被永远地改变”；想知道为什么一本书问世后会经久不衰，或者为什么我却从没有听说过它；想知道为什么一位我喜爱的作家会在广播里提到一本书，或者为什么一本书会在某个特别的时候引起我的注意。

当我开始阅读一本书的时候，一种希望充斥着我的内心，希望它能教会我一些东西，或者用某种方式带给我快乐。在那些让人愉悦的书中，我往往能学到东西，哪怕学到的只是如何快乐，而那只是额外的收获，一本好书往往可以回答一些问题，甚至是一些你都不知道自己想去了解的问题。

有一次，在微风轻拂的一天，我在一个小书店阅读后遇见了一位老妇人，她看起来六十多岁，她说她刚刚失去了自己的丈夫，她从来不读非小说类书籍，但她的丈夫喜欢历史书和传记。

她告诉我，“在他最后的几年里，尽管承受着巨大的痛苦，可他没有放弃阅读”，“但他总是不停地开始读书，却无法坚持着把书读完。因此在他死后，床边留下了一大堆书，每一本都夹着书签，有的刚刚开始读，有的已经读到了最后”。她停了一下接着说，“在他死后，我一度不知道该做什么。后来我想明白了，我决定替他去读那些书。我正在读它们，一次一本，从头到尾。他做不到了，所以我要这样做”。

她对我说，只是因为他走了，而他读的书不能随他而去，所以她来读这些书，因为她爱他，因为她还能继续读，因为这会让她想起他。

书和人是紧密相连的，每当我想到某种书，就会想到某种人，有的是活着的，有的是死了的。我从这些书和这些人那得到的快乐以及学到的东西，最终在我的思想中汇成涓涓细流。

我们无法为失去的人做更多的事情，但我们可以记得他们，可以替他们阅读，读那些他们喜欢的书，那些我们认为他们可能会选择的书。也许阅读会帮助我们回答一些问题，那些如果他们还在这里本应问我们的问题；也许阅读会让我们知道如何去尊重他们的过往，去继续他们的遗志；也许阅读会帮助我们回答一个可以自问的最大的问题：我们为什么存在。

每一本我们读过的书和每一个我们认识的人，无论是活着的还是死去的，都和我们在一起，我们可以召唤他们。当一个朋友告诉我，我需要去读一本叫作《活着做什么》的诗集时，我明白了这一点。那是一些很特别的诗，出版于 1998 年，作者是美国诗人玛丽·豪（Marie Howe），关于一个年轻艾滋病患者的病痛和死亡。

其中一首诗叫作“我死去的朋友”（My Dead Friends）

当我感到疲倦、无法回答一个令人困惑的问题时，我开始询问我死去朋友们的意见，得到的回答总是迅速而清晰的。

我是否应该接受一份工作，搬到一座城市，在中年时尝试怀孕？

他们总是一致点头，笑着回答说：“做让你高兴的事，让你多些寿命、少些烦恼的事。”

我看着比利的骨灰盒，绿色的骨灰盒，骨灰看来也是绿的。

我问比利，应不应该回那个困难的电话，他说是的，比利已经通过了那扇恐怖的门。

无论他说什么，我都做。

作者后记

本书中的所有内容，都是曾经陪伴过我的小东西，比如我阅读、错读、再次阅读及推荐的书目。我没有提到我的最爱。我之后还会读很多书，无疑都可以加进这个清单，因为我现在还不知道它们是什么。有些会是几个世纪前的几卷书，有的可能是现在写的。

我以前常说，送给别人最好的礼物就是书。但是我现在不会再这样说了，因为我觉得这句话不正确。现在，我认为书籍是第二好的礼物。我相信，你给别人最好的礼物是花时间和他们讨论一本你分享过的书。一本书是一份好礼，但送给别人你的兴趣和关注度更加美好。

阅读让人在冷漠的技术中缓口气，但还不仅如此。阅读是我重置和充电的方式；是我逃离的方式，但是也是我参与的方式。阅读应该刺激更多的参与感。

当你读到不公平时，你必须做点什么。书在世界伟大文明和人权行动中扮演着重要角色，但是仅因为读过书的人们决定行动起来。阅读带来了责任。

这样，一些书已经帮助改变世界。其他书纵使尚未改变世界，但具有这样的力量。我相信《生活的艺术》（*The Importance of Living*）就是其中之一。我不断回顾它，部分也是这个原因。

《生活的艺术》（*The Importance of Living*）一书写了我们需要放慢脚步，享受生活，以及书籍和阅读的重要性。但是最终，它是对理性和人性的激情呼唤。林语堂奉劝我们欣赏诗歌和文学，不仅是因为它们自身的美好，而且还因为它们鼓励人性化的思考，他认为这种思考是人类生存的必需品。林语堂相信，我们世界的希望存在于人们接受他所说的“合理性精神”中，这是他在中国传统的精华中看到的句子：“人无完人；可以立志成为讨喜的、理性的人。”

林语堂于 1937 年写了这本书，他清楚知道欧洲和亚洲划清界限的危险性，他渴望清晰阐明一件事。“共产主义和法西斯都是同一个大脑的产物，”他在《生活的艺术》中提出警告，“两种政体的特征和意识形态首先是完全相信力量和权力……”

林语堂让我知道，我并不需要书中所写的“忍者刀”。我认为我也不想要。其实，当人们宣称某一本书是你唯一需要或应该拥有时，尤其是当一个群体试图强迫其他人认为他们的书就是唯一需要的时候，世界会陷入麻烦。

书籍是我们反对暴政时最坚固的堡垒——但仅在人民可以自由阅读各种不同类书籍，且他们确实阅读书籍时。有权在任意地方读任何书是最基本的权利之一，可帮助保护其他权利。我们要毫不动摇地捍卫这一权利。但我们也可以用快乐捍卫这一权利。阅读不仅仅是为了打破狭隘、思想控制和支配：它也是世界上最快乐的事情之一。

我们怎么活不是小事。在焦虑、贪婪和嫉妒的状态下竞争不仅会浪费生命，也代表着世界的错误。阅读所有不同类型的书籍不是简单地阅读所有不同种类的书籍；这是一个成为更完整人类及更人道的方式。

阅读提醒我进一步深思每天如何度过。这不仅对于生存来说很重要，这也是我能为死者做的一点贡献。

我为了生活而阅读，为了生命而阅读。

鸣谢

我对桑尼·梅塔（Sonny Mehta）的感谢无以言表，他让我有机会写作本书，感谢他的评论、鼓励和善良。还要感谢丹·弗兰克（Dan Frank），感谢他无与伦比的监督照料。感谢贝特西·萨勒（Betsy Sallee），他帮忙很多。感谢艾琳·哈特曼（Erinn Hartman）、金·桑顿·因杰尼托（Kim Thornton Ingenito）、凯特·伦德（Kate Runde）和安吉·威尼斯（Angie Venezia），他们让我每天忙得很开心，他们总是知道最该说什么、最该做什么。感谢亚伦·布兰克（Aaron Blank）、保罗·伯加德（Paul Bogards）、加布里埃尔·布鲁克斯（Gabrielle Brooks）、卡罗·迪瓦恩·卡森（Carol Devine Carson）、罗宾·戴斯尔（Robin Desser）、爱德华·卡斯滕迈耶（Edward Kastenmeier）、奇普·基德（Chip Kidd）、斯蒂芬妮·克劳斯（Stephanie Kloss）、尼古拉斯·拉蒂默（Nicholas Latimer）、卡桑德拉·帕帕斯（Cassandra Pappas）、维多利亚·皮尔森（Victoria Pearson）（包括题词）、安妮·莱斯·斯皮策（Anne-Lise Spitzer）、肖恩·尤尔（Sean Yule）。还要感谢克里斯·吉莱斯皮（Chris Gillespie）以及优秀的克罗夫（Knopf）销售。

同样，我非常有幸邀请 Two Roads 作为英国出版社。丽莎·海顿（Lisa Highton）是个奇迹：好朋友、好出版商、好酒搭。还要感谢费德·安东尼诺（Fede Andornino）。

我特别感谢布洛克曼公司（Brockman Inc.）的杰出团队：马克斯·博曼（Max Brockman）、约翰·博曼（John Brockman）、卡廷卡·马聪（Katinka Matson）、罗素·温伯格（Russell Weinberger）和迈克尔·希利（Michael Healey）。

从许多方面讲，这本书形成于我与爱丽丝·特鲁阿克斯（Alice Truax）的对话。她在整个过程中的每个转化处挑战我、哄我、帮助我。她为这本书和我的生活做出了巨大的贡献。能有她在身边，我三生有幸。我们对话时，她让我惊讶。

很多朋友读过不同时期的手稿。马蒂·亚瑟（Marty Asher）和贝齐·勒纳（Betsy Lerner）给了我大量时间和意见。每次写作、思考写作或逃避写作时遇到困难，我都会求助丽莎·奎恩（Lisa Queen），她是我认识的最睿智的人之一，也是最慷慨的。

林语堂的小女儿林相如和我一聊就是几小时，我在莫洛出版社（William Morrow）时，她和她姐姐林太一也允许我把林语堂的《生活的艺术》拿回去复印。

蜜蜜·贝尔（Mimi Baer）在我写她儿子大卫那一章提供了帮助。艾米丽·哈金斯·菲尔特（Emily Harkins Filer）跟我分享了许多她女儿李·哈金斯（Lee Harkins）的故事。很高兴能认识她们。

克罗伊（Chloe Sarbib）帮我解决了无数任务。还要感谢弗雷德（Fred Courtright）。

在工作中，我有幸拥有一个非常支持我的老板，安德鲁（Andrew Weber），还有非常棒的同事，包括卡拉（Kara Rota）和布林（Bryn Clark）。

同时，我非常感谢能拥有美好的朋友。其中一些特别有助于这本书，比如汤姆（Tom Molner）和安迪（Andy Brimmer），她们继续支持我、逗我并在夏天接纳我。莫莉·奥尼尔·弗兰克（Molly O’Neil Frank）呼唤牧师的中年生活给了我灵感；比尔（Bill Reichblum）几十年来给我介绍了很多好书（和好酒）。和以下朋友的对话在各章节帮助了我：克德隆·巴雷特（Kedron Barrett）、里奇·本杰明（Rich Benjamin）、斯科特·贝尔格（Scott Berg）、朵丽丝·库伯（Doris Cooper）、伊丽莎白（Elisabeth Dyssegaard）、劳里·尤斯提斯（Laurie Eustis）、乔纳森·盖洛斯（Jonathan

Galassi）、艾米丽·古尔德（Emily Gould）、萨拉·霍尔布鲁克·古根海姆（Sara Holbrook Guggenheim）、Hpoun、扎利恩·杰费里（Zareen Jaffery）、沃尔特·凯泽（Walter Kaiser）、莫莉·卡曾（Mollie Katzen）、拉里·克雷默（Larry Kramer）、杰米·卢斯伯格（Jamie Lustberg）、鲍勃·米勒（Bob Miller）、纳希德·莫扎法里（Nahid Mozaffari）、马尔科·帕萨尼拉（Marco Pasanella）、丽贝卡·罗伯森（Rebecca Robertson）、埃里卡·罗宾森（Erika Robinson）、大卫·希普利（David Shipley）辅导老师、威尔·温克尔斯坦（Will Winkelstein）和纳奥米·伍尔夫（Naomi Wolf）。

有些部分让鲍勃（Bob）和萨利·埃德加德（Sally Edgar）在晚餐餐桌上试读了。鲍勃是位好老师，他和萨利是很好的朋友。我还想感谢我的伙伴罗克·迪斯比利图（Rocco DiSpirito）和里克·博伦德斯（Rick Brenders）帮我照顾我自己。非常感谢约瑟夫·阿斯托（Josef Astor），他的友谊和相片给了我无与伦比的礼物。

非常感谢我的父亲道格·施瓦尔贝（Doug Schwalbe），感谢他为我做的一切，感谢他几十年来和我的交流。苹果的箴言是“非同凡想”。我父亲就是一直这样做的人。我母亲的身影也出现在书的每一页。

还要感谢我的兄弟道格（Doug）和我的姐妹妮娜（Nina），

感谢他们一直以来的爱和支持。同样感谢萨利·格温（Sally Girvin）和南希·洛伦兹（Nancy Lorenz）。感谢我的叔叔阿姨、表兄弟、孙子孙女，侄女露西（Lucy）和侄子尼克拉斯（Nicolas）、艾德里安（Adrian）、米罗（Milo）和赛（Cy）。

最后感谢我的丈夫大卫·程（David Cheng）。他对我的意义难以言表。我可以“这样描绘”，但描绘不出那个高度。

附 录

《为生命而阅读》中作家、书名、喜剧名、诗歌、故事和期刊文章按字母顺序排列如下：

Mitch Albom, *Tuesdays with Morrie*

Dante Alighieri, *The Divine Comedy*

Rudolfo Anaya, *Bless me, Ultima*

Maya Angelou, *I Know Why the Caged Bird Sings*

Diane Arbus, *Diane Arbus: Revelations*

Joaquim Maria Machado de Assis, *Epitaph of a Small Winner* (*The Posthumous Memoir of Bras Cubas*)

Jane Austen, *Pride and Prejudice*

Jane Austen and Seth Grahame-Smith, *Pride and Prejudice and Zombies*

James Baldwin, *Giovanni's Room; The Fire Next Time*

J. M. Barrie, *The Little White Bird; Peter Pan*

Joseph Beam

Robert Benchley

Rose Levy Beranbaum, *The Cake Bible*

The Bhagavad Gita

Bible

Isabella Bird

Edward de Bono, *Lateral Thinking: An Introduction (first published as The Use of Lateral Thinking)*

Boston Women' s Health Book Collective, *Our Bodies, Ourselves*

John Boswell

Jane Bowles

Paul Bowles

Charlotte Bronte

Emily Bronte, *Wuthering Heights*

Rebecca Brown, *The Gifts of the Body*

Pearl S. Buck, *The Good Earth*

Anthony Burgess, *A Clockwork Orange*

Samuel Butler, *The Way of All Flesh*

Toby C. Campbell, M.D., "When Minutes Matter," *The Funeral of the American Medical Association* (FAMA) 314, no. 17.

Truman Capote

Miguel de Cervantes, Don Quixote

Chang Ch'ao

Bruce Chatwin

Stephen Chbosky, *The Perks of Being a Wallflower*

G. K. Chesterton, *What's Wrong with the World*

Lee Child, *Killing Floor*

Winston Churchill

John Ciardi, *Manner of Speaking; The Little That Is All*: "East Sixty-seventh Street" and "A Poem for Benn's Graduation from High School"; "Washing Your Feet"; *The Divine Comedy* (translation)

Paulo Coelho, *The Alchemist*

Suzanne Collins, *The Hunger Games series*

Laurie Colwin, *Home Cooking; More Home Cooking*

Confucius

E. E. e cummings

Dianne Mott Davidson, *Stick & Scones*

Patrick Dennis, *Auntie Mame*

Charles Dickens, *David Copperfield*

Isak Dinesen, "Babette' s Feast"

Melvin Dixo

Hilda "H.D." Dolittle

John Donne, "Death Be Not Pround"

Rita Dove

Mahmound Dowlatabadi

Arthur Conan Doyle

Charles Duhigg, *The Power of Habit*

Albert Einstein

Louise Erdrich, *Love Medicine*

Laura Esquivel, *Like Water for Chocolate*

Sebastian Faulks, *Birdsong*

Robert Ferro

F. Scott Fitzgerald

Gustave Flaubert, *Madame Bovary*

Gillian Flynn, *Gone Girl*

Ford Madox Ford, *The Good Soldier*

E. M. Forster

Robert Frost

William Golding, *Lord of the Flies*

Marshall Goldsmith, W*hat Got You Here Won' t Get You*

There

Henry Green

John Grisham, *The Confession*

Michael Grumley

John Gunther, *Death Be Not Proud*

Edward T. Hall, *The Hidden Dimension*

Paula Hawkins, *The Girl on the Train*

Essex Hemphill

Eugen Herrigel, *Zen in the Art of Archery*

James Hilton, *Goodbye, Mr. Chips*

S. E. Hinton, *The Outsiders*

Vyvyan Holland, *Son of Oscar Wilde*

Homer, *The Iliad*; *The Odyssey*

Vincent C. Horrigan and Raymond V. Schoder, *A Reading Course in Homeric Greek*

Marie Howe, *What The Living Do*: "My Dead Friends"

Robert Hughes, *The Fatal Shore*

Thomas Hughes, *Tom Brown's School Days*

Victor Hugo, *Les Misérables*

Aldous Huxley, *The Perennial Philosophy*

William Inge, *The Dark at the Top of the Stairs*

Christopher Isherwood, *A Single Man; Christopher and His Kind*

Arturo Islas

The Jakata (*Stories of the Buddha's Former Births*)

William James

Franz Kafka

Yasunari Kawabata

Marie Kondo, *The Life-Changing Magic of Tidying Up*

The Koran

Larry Kramer

Milan Kundera

Stephen E. Lahey, *John Wyclif*

Anne Lamott, *Bird by Bird; Traveling Mercies; Help, Thanks, Wow; Stitches*

John Lanchester, *The Debt to Pleasure*

Nigella Lawson, *Feast*

Bruce Lee, *Tao of Jeet Kune Do*

Stan Leventhal

Edna Lewis, *The Taste of Country Cooking*

Hsiang Ju Lin and Tsuifeng Lin, *Chinese Gastronomy*

Lin Yutang, *My Country and My People; The Importance*

of Living; Between Tears and Laughter

Anne Morrow Lindbergh, *Listen! The Wind; Gift from the Sea*

Joan Lindsay, *Picnic at Hanging Rock*

Livy （Titus Livius）

Rosa Luxemburg

Thomas Mann, *Death in Venice*

Xavier de Maistre, *A Journey Around My Room; A Nocturnal Expedition Around My Room*

Daphne du Maurier, *Rebecca*

Mayo Clinic Family Health Book

Herman Melville, *Moby-Dick*; "Bartleby, the Scrivener: A Story of Wall Street"

Arthur Miller, *Death of a Salesman*

Rohinton Mistry, *A Fine Balance*

Paul Monette

Marianne Moore

Jan Morris

Toni Morrison, *Song of Solomon*

Mohammed Mrabet

Haruki Murakami, *A Wild Sheep Chase; The Wind-Up*

Bird Chronicle; Kafka on the Shore; What I Talk About When Running; IQ84

Vladimir Nabokov, *Lolita*

Azar Nafisi, *Reading Lolita in Tehran*

Christopher Nolan, *Under the Eye of the Clock*

George Orwell, *1984*

Ruth Ozeki, *A Tale for the Time Being*

R. J. Palacio, *Wonder*

Shahrnush Parsipur

Walter Pater, *Marius the Epicurean*

Nathaniel Philbrick, *In the Heart of the Sea*

Robert M. Pirsig, *Zen and the Art of Motorcycle Maintenance*

Plato

Pliny the Younger

Plutarch, *Plutarch's Lives*

John Preston

Erich Maria Remarque

Faith Ringgold, *Tar Beach*

J. K. Rowling, *Harry Potter series*

John Ruskin

Vito Russo

Assotto Saint

Antoine de Saint-Exupéry, *The Little Prince*

Maurice Sendal, *Where the Wild Things Are*

William Shakespeare, *King Lear; Hamlet*

George Bernard Shaw, *Bernard Shaw: Complete Plays with Prefaces*

Randy Shilts

Samuel Smiles, Self-Help (*with Illustrations of Character and Content*)

Socrates

Andrew Solomon, *Far from the Tree*

Muriel Spark, *The Prime of Miss Jean Brodie*

Bryan Stevenson, *Just Mercy*

William Strunk Jr. and E. B. White, *The Elements of Style*

Jacqueline Susann, *Valley of the Dolls*

Sir Wilfred Thesiger

Henry David Thoreau, Walden

A Thousand and One Nights

Monique Truong, *The Book of Salt*

Mark Twain

John Updike

Gore Vidal, *The City and the Pillar*

Alice Waters

Alec Waugh, *The Loom of Youth*

Evelyn Waugh, *Brideshead Revisited*

Eudora Welty

E. B. White, *Stuart Little; Charlotte's Web; The Trumpet of the Swan;*

The Elements of Style (with William Strunk Jr.); Letters of E.B. White

Oscar Wilde

Tennessee Williams

Vera B. Williams, *"More More More," Said the Baby*

Percival Christopher Wren, *Beau Geste*

Hanya Yanagihara, *A Little Life*

Y ü an Chunglang